Hemingway und die Frauen

VICTOR SCHULLER

Hemingway

und die Frauen

*Das abenteuerliche
Leben des amerikanischen
Schriftstellers*

*Mit einer
Dokumentation des ZDF-Films
von Bernhard Sinkel*

Herausgeber:
Heiner Bremer, Michael Jürgs, Klaus Liedtke
Programmleitung: Dr. Manfred Leier
Lektorat: Gisela Merz-Busch
Graphische Gestaltung: Detlef Schlottmann
Bildredaktion: Erika Just
Verlagsleitung: Peter Schlickenrieder
Produktion: Bernd Bartmann, Druckzentrale G+J
Druck: Clausen & Bosse, Leck
© STERN-Buch im Verlag
Gruner + Jahr & Co, Hamburg
1. Auflage 1989
ISBN 3-570-03720-7

Inhaltsverzeichnis

Vorwort

Ernest Hemingway war tot, und der Trubel der wilden sechziger und siebziger Jahre übertönte die Stimme des einst so bewunderten Erzählers. Der »Papa« hatte den jungen Generationen scheinbar nichts mehr zu sagen, Staub überpuderte seine Bücher in den Regalen der alt gewordenen Fans. Doch mit einem Mal sieht die Sache ganz anders aus. Es hemingwayt wieder an allen Orten, weiß der Himmel, warum und wieso. Amerikanische, aber auch europäische Verlage präsentieren seine Werke in Neuausgaben, die schnell ihre Käufer finden. Dazu kommen seit 1981 nicht weniger als neun neue Biographien.

Hierzulande hat das Allensbacher Institut für Demoskopie mit einer Umfrage 1987 Erstaunliches herausgefunden: Thomas Mann und Ernest Hemingway wurden von einem repräsentativen Querschnitt der bundesdeutschen Bevölkerung ab 16 Jahre als die bedeutendsten Autoren des Jahrhunderts benannt; 49 Prozent der Befragten hatten von dem Lübecker Schriftsteller »schon einmal etwas gelesen«, 46 Prozent von dem Amerikaner. Dazu bemerken die Allensbacher Demoskopen wohl zu Recht, daß Thomas Manns Bekanntheitsgrad durch die erfolgreiche und vom Fernsehen wiederholt ausgestrahlte Verfilmung seines Romans »Die Buddenbrooks« viel profitiert habe. Wenn das zutrifft, bietet sich jetzt auch für Hemingway die Möglichkeit, seine Prozentzahl aufzumöbeln, vielleicht kann er den Thomas Mann sogar überholen. Denn ab 26. Februar 1989 läuft im Zweiten Deutschen Fernsehen eine vierteilige Serie über das abenteuerliche Leben Hemingways. (Die schönsten Farbbilder daraus zeigen wir Ihnen ab Seite 235.) Der Film gab auch den Anstoß zu diesem Buch. Also noch eine Biographie? Eher eine biographische Erzählung, die den Leser veranlassen könnte, wieder einmal oder zum ersten Mal nach einem Hemingway-Band zu greifen. Die gewichtigen, wissenschaftlich vollendeten Arbeiten kann und soll dieses Buch nicht ersetzen; etwa das Standardwerk von Carlos Baker: »Hemingway, die Geschichte eines abenteuerlichen Lebens« oder die jüngste Biographie von Kenneth S. Lynn, der über tausend Seiten dem Phänomen Hemingway mit geballter Psychologie zu Leibe rückt.

Hier wird lediglich der Versuch gemacht, ein Rendezvous mit einem genialen Menschen zu vermitteln, dessen extravagantes Leben seinerzeit viel Aufsehen erregte und Stoff für ein großes Kapitel in der Literaturgeschichte unseres Jahrhunderts hergab.

Die körperliche Ausstrahlung dieses Mannes muß immens gewesen sein. Seine Anwesenheit genügte, um die Menschen in einem Raum in Spannung zu versetzen. Er war 1,83 Meter groß und wog normalerweise 95 Kilo. Es gab Zeiten, da brachte er es auf 115. Braune, überraschend ruhig blickende Augen, am Kinn und an den Wangen Grübchen, die sein breites Grinsen markierten. Ein Grinsen, dem Frauen verfielen und das Freunde dazu brachte, sein flegelhaftes Benehmen, seine Brüskierungen und Beleidigungen schnell wieder zu vergessen. Zeitlebens war er stolz auf seine Haare an der Brust, die er ebenso häufig vorzeigte wie die Narben an den Beinen, Spuren der Granatsplitter aus dem Krieg 1918 in Norditalien. Schuhgröße 46, zum Tanzen gänzlich ungeeignet. Ernest tänzelte lieber im Boxring.

Hemingway war immer von Freunden umgeben. In Paris, als blutjunger Anfänger, waren es John Dos Passos, F. Scott Fitzgerald, James Joyce, Ezra Pound, Archibald MacLeish, um nur einige zu nennen, die seine Gesellschaft, wenn nicht gar Freundschaft suchten. Durch die Bank arrivierte, berühmte Schriftsteller, alle viel älter als er. Gleichgültig blieb er keinem, der mit ihm in Berührung kam.

Als knapp Vierzigjähriger erfand er für sich die Rolle des »Papa«. Sie war ihm auf den mächtigen Leib geschrieben, diese Rolle. Und er war es wirklich, ein »Papa« für die Fischer auf Key West und auf Kuba, für die Zechkumpane in

»Sloppy Joe's« Bar und auf seiner Hochseejacht »Pilar«, für seine Genossen im Spanischen Bürgerkrieg und für die GIs im Hürtgenwald, für junge Schriftsteller, die seinen Rat suchten, und selbst für Filmstars, die seine »Helden« verkörperten.

Welche »Helden«? Das Erscheinungsbild Hemingways, sein großspuriges Auftreten, sein selbstgestricktes Image als Naturbursche, Boxer, Jäger, Frauenheld steht in seltsamer Diskrepanz zu den Figuren, die durch sein Werk geistern. Da gibt es nicht einen, der als strahlender Held den Schauplatz verläßt. Hemingways Geschöpfe sind durchweg Sieger, die leer ausgehen, Verlierer im Boxring des Lebens, impotente Liebhaber, Feiglinge, die als letzten Ausweg die Gefahr suchen und daran zugrunde gehen. Einzelgänger und Einzelkämpfer, die mit ihrem Schicksal allein fertig werden müssen und dabei einsam und verlassen sind wie der Mann im Mond.

Hemingway als Liebhaber. Seine Frauen verkniffen sich jede Äußerung darüber, und er war ein Prahlhans, ein indiskreter, der schamlos hanebüchene Geschichten erfand. Nahezu nach jedem größeren Buch wechselt er die Ehefrau, aus jedem Krieg brachte er eine andere mit.

Hemingway, der wehleidige Hypochonder, der sich bei der geringsten Unpäßlichkeit ins Bett verkroch, der aber Knochenbrüche und schwere Gehirnerschütterungen, die er sich bei sechs Autounfällen und zwei Flugzeugabstürzen zuzog, klaglos ertrug. Drei Kriege hat er überlebt. Alles im Leben tat er freiwillig, kein Mensch konnte ihn zu etwas zwingen – und den Zeitpunkt seines Todes hat er auch selbst gewählt. Das Schreiben fiel Ernest Hemingway, dem großen Schriftsteller und epochalen Stilisten, schwer. Denn auch das tat er mit einer erschöpfenden Intensität. 500 bis 600 Wörter am Tag – mehr schaffte er nicht. »Offen gestanden, es ist ein hartes Metier; ganz gleich, wie sehr du es auch liebst. Ich liebe es mehr als irgend etwas auf der Welt. Aber es ist ziemlich schwierig, wenn sich ein Mann wirklich daran versucht.«   Victor Schuller

Die Herrin im Haus

Er wird dem 20. Jahrhundert,
das gerade angebrochen ist, als Schriftsteller
seinen Stempel aufdrücken. Ernest Hemingway, geboren
am 21. Juli 1899, hat alle Anlagen, die
ihn zum Schriftsteller werden ließen, von seiner
Mutter Grace mitbekommen

Ernest und seine 18 Monate ältere Schwester
Marcelline. Mutter Grace machte sich einen seltsamen Spaß
daraus, ihre Kinder wie Zwillinge zu kleiden

Die Familie des Doktors Ed Hemingway im Jahre 1906.
Madeleine auf seinem Schoß, links daneben Marcelline, Mutter
Grace mit Ursula, Ernest (rechts) ist jetzt sieben

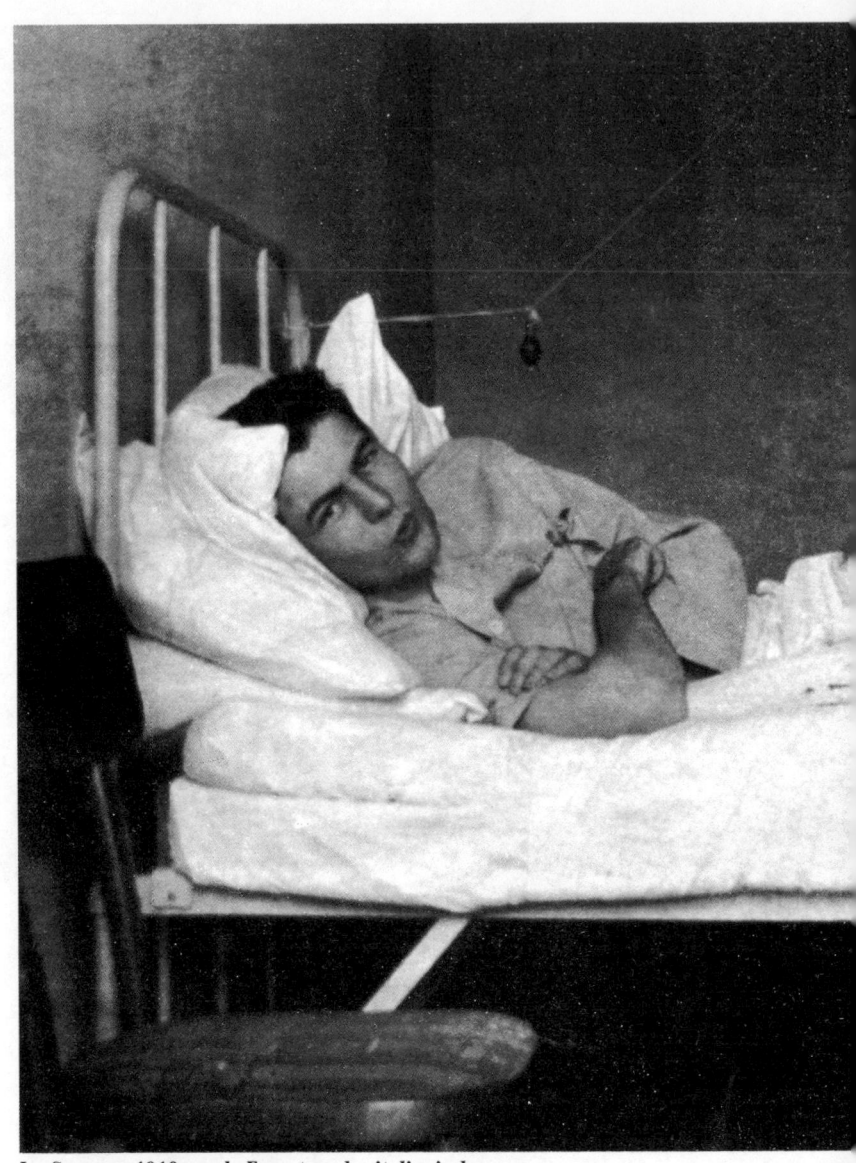

Im Sommer 1918 wurde Ernest an der italienischen
Front schwer verwundet. Im Mailänder »Ospedale
Americana« fand er liebevolle Pflege

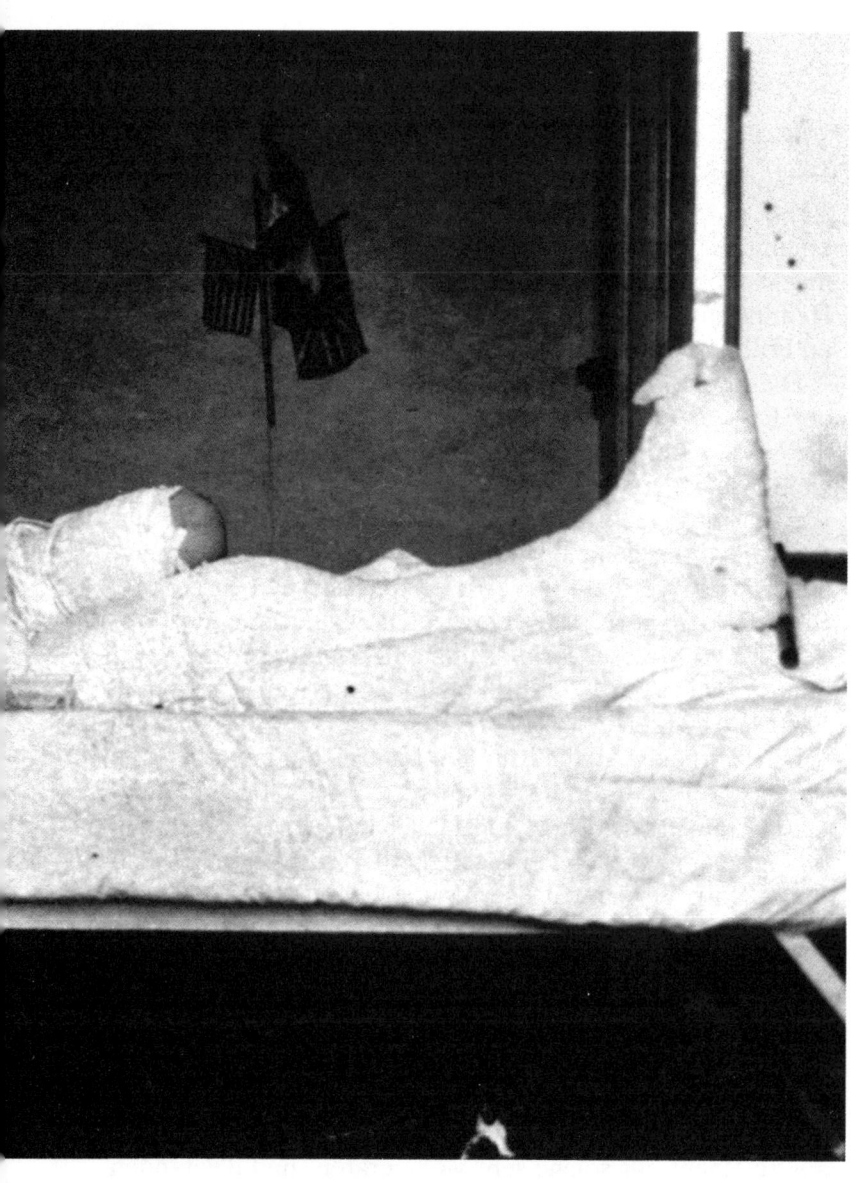

Wir haben alle diese schlechten Augen von Mutter. Aber ich werde irgendwie nach Europa kommen, trotz dieser ›Optik‹. Ich kann eine solche Show nicht vorbeigehen lassen, ohne dabeizuscin«, klagte Ernest Hemingway in einem Brief an seine Schwester Marcelline im Frühjahr des Jahres 1918.

Die Show, die er in Europa nicht verpassen wollte, war der Erste Weltkrieg, an dem seit dem 6. April 1917 auch die Vereinigten Staaten von Amerika beteiligt waren. Wie viele tausend andere junge Männer hatte sich Ernest Miller Hemingway, geboren am 21. Juli 1899 in Oak Park, Illinois, freiwillig gemeldet und war, zu seiner Verblüffung, abgewiesen worden. Der »Kriegsuntaugliche« hatte eine Boxerfigur, Klasse Schwergewicht, brachte bei einer Größe von 1,85 Metern vierundachtzig Kilo auf die Waage, war durchtrainiert von Kopf bis Fuß und konnte eindrucksvolle Fäuste vorweisen.

Nur mit den Augen stimmte was nicht, befanden die Ärzte der Rekrutierungskommission. Sie seien »fehlsichtig«, besonders das linke. Vergeblich beteuerte Ernest, daß ihn diese angebliche »Fehlsichtigkeit« bislang beim Boxen, Jagen, Fischen nicht im geringsten behindert hätte, auch nicht beim Lesen und Schreiben. Es blieb dabei: Ernest Hemingway wurde vorläufig zurückgestellt, und so fanden die verlustreichen Offensiven der Amerikaner an der Marne im Sommer 1918 ohne ihn statt. Das nahm Ernest seiner Mutter sehr übel.

Grace Hemingway, geborene Hall, war eine Frau, die lieber keine Frau gewesen wäre. Zwar fand sie sich, durchaus zu Recht, als solche sehr wohlgeraten, und das fanden viele, aber sie hatte sich schon als junges Mädchen durch ihr Geschlecht immer benachteiligt gefühlt, weil sie bei allem ihrem Bruder Leicester den Vortritt lassen mußte. Er

Eigentlich wollte Grace Hemingway Opern-
sängerin werden. Als das nicht klappte, wurde sie Mutter
von sechs Kindern. Das zweite war Ernest

durfte radfahren, ihr war das als unschicklich verwehrt; er durfte auf die Universität, für sie war dafür kein Geld vorhanden; er durfte allein verreisen, sie wurde, eingekeilt zwischen Vater und Mutter, in die Kirche geführt. Dort durfte sie wenigstens im Chor mitsingen, und Grace verfügte über eine kräftige Altstimme, die aus voller Brust kam.

Die einzige Möglichkeit, dem Käfig entrinnen zu können, in dem sie sich gefangen sah, glaubte das junge Mädchen in der Musik gefunden zu haben, denn einer Künstlerin stand die Welt offen. Also machte sich Grace daran, ein Opernstar zu werden. Der Widerstand der Eltern wurde schnell überwunden, der Gesangs- und Klavierunterricht ertrotzt, Fremdsprachen, vor allem Italienisch, brachte sie sich selber bei, und das Theatralische lag ihr im Blut. Ihre musischen Großväter – der eine war um die Mitte des 19. Jahrhunderts in England ein vielgerühmter Violinvirtuose, der andere als Silberschmied Hoflieferant gewesen – hätten ihre Freude an dem hübschen Enkeltöchterchen mit dem rotblonden Haar gehabt.

Und beinahe hätte Grace ihr Ziel erreicht. Sie stand schon auf der Bühne im Madison Square Garden in New York, trat bei der Generalprobe ans Rampenlicht – und damit war der Traum auch schon zu Ende. Tränenüberströmt mußte sie sich abwenden, ihre Augen ertrugen das gleißende Licht nicht. Sie fuhr zurück nach Oak Park bei Chicago und heiratete den schwarzbärtigen Dr. Clarence Edmonds Hemingway, genannt Ed, der seit geraumer Zeit brav auf sie wartete. Oak Park, damals noch nicht vom Moloch Chicago verschluckt, sondern eine selbständige, selbstbewußte Gemeinde, bestand zuvörderst aus Kirchen: »Methodist Church«, »Universalist Church«, »First Congregational Church«, der die Hemingways angehörten, und vielen anderen. Sodann aus Bäumen, riesigen, hundertjährigen Bäumen, in deren Schatten komfortable Bungalows standen, mit gepflegtem Rasen davor. Nicht einen Neger gab es im Ort, auch keinen Juden. Alkohol durfte in Oak Park seit 1870 nicht verkauft oder öffentlich ausgeschenkt werden, der nächste Saloon befand sich etliche Meilen von den Kirchen entfernt außerhalb der Gemarkung, dort, wo der »Rastplatz der Heiligen« an das sündige Chicago grenzte. In Oak Park lebten sie im Haus ihres Vaters. Dr. Clarence Hemingway eröffnete eine Arztpraxis und zeugte Kinder, wobei ihm Grace offenbar gerne entgegenkam. Als erstes gebar sie ein Mädchen, anderthalb Jahre darauf einen Jungen, dann in kurzen Abständen noch mal drei Mädchen und schließlich als Nachzügler einen Jungen. Letzterer kam so spät zur Welt, daß man sich schon schämen mußte; Grace war dreiundvierzig, also in einem Alter, in dem man mit dem Kinderkriegen aufgehört haben sollte.

Das Fiasko im Madison Square Garden hatte Grace zwar hart getroffen, der Kunst aber nicht entfremdet. Während sie als Gattin des Doktors einem Kind nach dem anderen das Leben schenkte, schuf sie sich als Sängerin eine beherrschende Stellung im musikalischen und gesellschaftlichen Leben Oak Parks. Der Kirchenchor folgte ihrer energischen Stabführung, und bei ihr zu Hause gingen Schülerinnen ein und aus, bis zu fünfzig an der Zahl, die alle zu Opernsängerinnen ausgebildet werden wollten. Das ergab im Vorderhaus ein emsiges Trällern, während die Kranken über den Hinterhof zur Arztpraxis gingen.

Der Doktor, dessen fliehendes Kinn von einem mächtigen schwarzen Bart verdeckt wurde, sah sich außerstande, das Gesinge abzustellen. Seine Honorare wurden von den Einkünften der Gesangslehrerin um ein Vielfaches übertroffen, außerdem konnte er im Haus des Schwiegervaters nicht gut auftrumpfen. Dafür durfte er den Haushalt besorgen, und da er ein leidenschaftlicher Koch war, ließ er zur Mittagszeit den Braten im Ofen und die Patienten im Wartezimmer schmoren. In stillen Stunden zog er sich in das hinterste Zimmer zurück, das er Labor nannte. Dort hing und stand auf hohen Regalen das ausgestopfte Getier des Waldes: Molche, Schlangen, Kröten und Eidechsen lagen im Spiritus; Käfer und Schmetterlinge verstaubten hinter Glas. Dicke Bücher und eine Menge Zeitschriften hielten

»Windemere«, das Landhaus der Hemingways am
Lake Walloon. Hier, in den Wäldern Michigans, erlernte
Ernest von seinem Vater das Jagen und Angeln

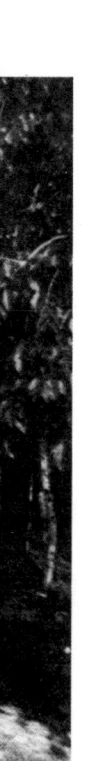

ihn auf dem laufenden über den Stand der Naturwissenschaften, und die Werke des großen Darwin studierte er fast so intensiv wie die Bibel.

Vor allem anderen aber war Dr. Hemingway ein großer Jäger. Oben in Michigan, am Lake Walloon, der wie das Auge Manitous aus der Tiefe des Waldes blinkte, besaß er ein Grundstück, auf dem Grace ein Landhaus errichten ließ, das sie »Windemere« nannte. Das Haus war nur mit einem Ruderboot zu erreichen, lag einsam in der Wildnis, bot dafür reichlich Platz für die ganze Familie in den Sommerferien. Hier fühlte sich der stille Mann am wohlsten, die Wälder waren sein Reich, in das ihm Grace nicht folgte. Aber seinen Sohn nahm er mit, als Ernie so weit war, daß er mit einem Kleinkalibergewehr umgehen konnte. Oft blieben sie tagelang draußen, schlugen ihr Zelt auf, und der Doktor brachte dem Jungen bei, wie Forellen am Lagerfeuer gebraten werden.

Grace blieb viel lieber in »Windemere«, umringt von Freunden und Kindern, und der Blick von der Terrasse auf den See hinaus genügte ihr als Inspiration für ein Lied, »Beautiful Walloon«, das sie einem Verleger in Chicago anvertraute und mit dem sie einen Batzen Geld verdiente.

An Ernest, ihrem zweiten Kind nach Marcelline, hatte Grace ihre helle Freude. Das Bübchen durfte in ihrem Bett schlafen und morgens mit ihrem langen Haar spielen, was er selig tat. Als der Junge laufen lernte, band sie ihm eine große Schleife ins Haar, zog ihm Röckchen und Schürzchen an, so daß er aussah wie Marcelline, und fand es spaßig, wenn die beiden auf der Straße für Zwillinge gehalten wurden. Ein Jahr darauf mußte Marcelline in die Rolle eines Jungen schlüpfen, kurz das Haar, Bubenhosen statt Röckchen. Dann aber hatte Grace diese Spiele satt. Die nächsten Kinder wurden geboren, der Bau eines Hauses beschäftigte sie ganz. Ernie mußte zu seiner Schwester ins Bett kriechen, wenn ihn nachts seine Alpträume plagten.

Das neue Haus, das Grace nach dem Tod ihres Vaters in Auftrag gab, wurde nach ihren Entwürfen ausgeführt. Im

Mittelpunkt lag ein großer Musiksalon, der sich später, als Grace nicht mehr sang, sondern malte und ein molliges Modell als Herzensfreundin ins Haus nahm, in ein Atelier verwandelte. Für das »Labor« des Vaters gab es keinen Platz, und die Mutter ließ beim Umzug den Plunder bis auf die letzte Fledermaus verbrennen.

Ernie, damals sechs Jahre alt, stand zitternd dabei und erwartete, daß nun etwas Schreckliches geschähe, denn der Vater war stark wie ein Büffel und jähzornig wie Gott weiß was. Doch es geschah nichts, wenn man davon absieht, daß nach neun Monaten schon wieder ein Schwesterchen in der Wiege plärrte und zwischendurch Mamas Freundin ein paarmal aus dem Haus gejagt wurde.

Kann es sein, daß der Vater, der dunkle Riese, dem heranwachsenden Knaben allmählich leid tat, als er begriff, daß hier ein Mann von seiner Frau untergebuttert wurde? Daß die zärtliche Liebe des Kindes, von der Mutter sanft, aber bestimmt beiseite geschoben, sich in die Angst verwandelte, nicht mehr geliebt zu werden? Daß aus dieser Angst schließlich Haß wurde?

Grace hat ihrem Sohn Ernest ihr rundes Gesicht mit dem unwiderstehlichen Lächeln vererbt, ihr musisches Talent, ihren brennenden Ehrgeiz, ihren harten Schädel, mit dem sie ihren Willen durchzusetzen wußte, ihre hemmungslose Rücksichtslosigkeit.

Vom Vater hat er die schwarzen Haare mitbekommen, den abwägenden Verstand, die tiefe, stille Liebe zu Wäldern, Flüssen und Meeren, die Bärenkräfte und die Lust am Jagen.

Irgendwann wird Ernest erkannt haben, daß seine Mutter und er aus dem gleichen Holz geschnitzt waren und daß sie sich aus dem Weg gehen mußten. Für beide war kein Platz in einem Raum. Er war bereit, Oak Park zu verlassen, lieber heute als morgen. Grace half ihm fürsorglich auf den Weg.

Beim Vater dauerte es noch zehn Jahre, bis er sich davonmachen konnte. Er wartete, bis die Kinder aus dem

Sommerferien der Hemingways am Lake Walloon,
zunächst noch mit zwei Kindern, Ernest (links) und
Marcelline. Zu guter Letzt waren es sechs

Die ungleichen Brüder: Ernest und der 16 Jahre
jüngere Leicester. Nach dem Tod des großen Bruders
veröffentlichte Leicester eine Familiengeschichte

Haus waren, heirateten oder studierten; dann erst nahm er die Pistole und schoß sich eine Kugel in den Kopf. Kein Testament, kein Abschiedsbrief, einfach Schluß.

*

Sie hatten die Nacht im Indianerlager zugebracht, wo Nicks Vater der jungen Indianerfrau mit dem Jagdmesser helfen mußte, das Kind zur Welt zu bringen, weil er das Chirurgenbesteck nicht dabei hatte, und wo der Indianer im Hintergrund des Zeltes sich unbemerkt die Kehle durchschnitt, weil er das Leiden seiner Frau nicht ertragen konnte. Jetzt fuhren sie im Morgengrauen nach Hause über den See. Nick saß im Heck des Bootes, sein Vater ruderte:

»Die Sonne stieg über den Bergen auf. Ein Barsch schnellte hoch und machte einen Kreis im Wasser. Nick ließ seine Hand im Wasser schleifen. Es fühlte sich warm an im scheidenden Morgenfrost.

›Bringen sich viele Männer um, Daddy?‹

›Nicht sehr viele, Nick.‹

›Und Frauen?‹

›Fast nie.‹

›Überhaupt nicht?‹

›O doch, manchmal.‹

›Ist Sterben schwer, Daddy?‹

›Nein, ich glaube, es ist ziemlich leicht, Nick. Es kommt drauf an.‹

Am frühen Morgen auf dem See, als er im Heck des Bootes seinem rudernden Vater gegenübersaß, war er überzeugt, daß er niemals sterben würde.«

(»Indianerlager«)

Ein Tölpel zieht in den Krieg

Sechs Monate arbeitete Ernest Hemingway nun schon als Reporter beim »Star« in Kansas City am Missouri. Es war ein guter Job bei einer großen Zeitung. Chefredakteur Henry Haskell brachte ihm das Handwerk bei. »Bilden Sie kurze Sätze, vermeiden Sie abgedroschene Adjektiva«, war sein erstes Gebot.

Hemingway hielt sich daran, sein Leben lang. Er arbeitete hart an seinen »klaren, wahren Sätzen« und brachte es darin zu einer nie wieder erreichten Perfektion.

Sein Lehrmeister beim »Kansas City Star« war zufrieden mit ihm; fünfzehn Dollar in der Woche war er allemal wert. Seine Kollegen erkannten sein Talent, belächelten seinen Ehrgeiz, hatten Spaß an seinen Späßen und bewunderten seine Trinkfestigkeit. Und er hatte das sichere Gefühl, das richtige Startloch für seine Laufbahn gefunden zu haben. Brauchte er noch den Krieg?

Es sah so aus, als hätte er sich damit abgefunden, als »Fehlsichtiger« bei der »großen Show« in Europa nicht mitmachen zu können. Bis dann eines Tages sein Reporterkollege Brumback, außer sich vor Freude, mit der Nachricht in die Redaktion hineinplatzte, daß er angenommen worden sei, als Ambulanzfahrer beim Roten Kreuz; schon in ein paar Wochen ginge es ab nach Europa. Brumback war einäugig, ein Golfball hatte ihm das linke Auge ausgeschlagen. Der »leicht fehlsichtige« Hemingway wurde natürlich auch angenommen, und am 23. Mai 1918 glitt die »Chicago« mit siebzig freiwilligen Ambulanzfahrern an Bord aus dem Hafen von New York. Kein deutsches U-Boot kreuzte ihren Kurs bei der Überfahrt nach Bordeaux. Dafür durften sie in Paris hören und sehen, wie die Granaten der »Dicken Berta« im Zentrum der Stadt einschlugen. Das Bombardement des deutschen Ferngeschützes war wie ein Salut für Hemingway. »Mit einem Taxi fuhren wir so schnell es unser Zweizylinder schaffen konnte in die Richtung der Detonation . . . Von einer Einschlagstelle zur andern . . . Auch die ›Madeleine‹ wurde getroffen. Eine Granate riß ein Loch von ein oder zwei Fuß in die Fassade«, berichtete er nach Hause.

Fünfundzwanzig Jahre später schrieb Ernest Hemingway: »Ich war ein schrecklicher Tölpel, als ich zum ersten Mal in den Krieg zog. Ich kann mich erinnern, daß ich einfach dachte, wir seien die Heimmannschaft und die auf der anderen Seite die Gastmannschaft.«

Wie eine fröhliche Footballmannschaft in Siegerlaune reisten die Jungs vom »American Field Service« von Paris durch Frankreich nach Italien.

Eine Gruppe von fünfundzwanzig Mann, der auch Hemingway angehörte, wurde nach Schio am Südrand der Dolomiten abkommandiert. Tagsüber kurvten sie mit ihren Fiat-Ambulanzwagen an den Hängen des Monte Pasubio die Serpentinen rauf und runter und transportierten italienische Verwundete; abends ließen sie sich in der Offiziersmesse, die sie »Schio Country Club« nannten, von italienischen Kellnern bedienen.

Nach drei Wochen hatte Ernest das Freß-und-Sauf-Leben satt: »Hier gibt es nichts anderes als Landschaft, und viel zuviel davon . . . Ich möchte doch sehen, ob es mir nicht gelingt, herauszubekommen, wo der Krieg ist.«

Er fand ihn bei Fossalta an der Piave, nicht weit entfernt von Venedig. Am Westufer des Flusses hatten sich die Italiener eingegraben, am Ostufer die Österreicher. Beide Seiten versuchten, mit ihrer Artillerie die Stellungen des Gegners umzupflügen.

Hemingways Aufgabe bestand darin, an die italienischen Soldaten in den Schützengräben amerikanische Schokolade und Zigaretten als Liebesgabe zu verteilen. Nicht gerade ein heldenhafter Job, fand Ernest, aber er tat, was ihm befohlen war. Und die Italiener warteten ungeduldig auf ihren »Americano« wenn's dunkel wurde, nicht nur wegen der Schokolade. Sie mochten ihn, man konnte sich halbtot lachen über seine Aussprache.

Am 8. Juli, kurz vor Mitternacht, als der Americano mit seiner Schokolade gerade beim vordersten Unterstand angekommen war, feuerte eine österreichische Minenwerfer-Batterie ihre Granaten ab, Kaliber 420, gefüllt mit Stahlsplittern und Schrott. »Erst hörte ich ein Husten, dann kam das Tschu, Tschu, Tschu – dann ein Aufflammen, als wenn die Tür eines Hochofens aufgerissen wird . . . Ich versuchte zu atmen, aber mein Atem blieb weg, und ich fühlte, wie ich sausend meinen Körper verließ . . . Ich fuhr geschwind aus mir heraus, mein ganzes Ich, und ich wußte, daß ich tot war und daß es gar nicht wahr ist, wenn man denkt, man stürbe einfach . . .« (»In einem andern Land«). Ernest Hemingway war der erste verwundete Amerikaner an der italienischen Front. Die Ärzte auf dem Notverbandsplatz nahmen ihn sich gleich vor. Schlimm sah's aus mit ihm. Achtundzwanzig Granatsplitter konnten gleich aus seinen Beinen entfernt werden, mindestens ebenso viele blieben drin, sie saßen zu tief. Zum Glück setzten die Feldchirurgen nicht gleich die Knochensäge an. In Mullbinden eingewickelt wie eine Mumie wurde er fünf Tage später in Mailand ins »Ospedale Croce Rossa Americana« eingeliefert. Fünfzehn Schwestern nahmen den schwerverwundeten Krieger in Empfang. Hauptmann Dr. Sammarelli, der Chirurg, stand im Operationssaal bereit.

Außer Hemingway befanden sich zur Zeit noch vier andere Patienten in dem dreistöckigen Hospital, darunter der Schriftsteller Henry S. Villard. Der war eine Woche zuvor, gelb wie eine Zitrone, mit einer Hepatitis ins Spital eingeliefert worden, das ihm wie ein »Stück vom Himmel« vorkam. Mit einer Krankenschwester als Engel namens Agnes. Villard verehrte sie und schrieb: »Agnes war lustig, flink, sympathisch, mit einem überaus stark entwickelten Sinn für Humor, eine geradezu ideale Krankenschwester.«

»Ich war ein schrecklicher Tölpel, als ich zum ersten Mal in den Krieg zog«, schrieb Hemingway 25 Jahre später. Hier der »Tölpel« vor dem Abmarsch

Der „blonde Engel" von Mailand

Agnes Hannah von Kurowsky, eine 27jährige Bibliothekarin aus Washington, war die Tochter einer Amerikanerin und eines deutschen Einwanderers. Sie sprach fließend Deutsch und Französisch. Ihr Wunsch, Europa kennenzulernen, ging in Erfüllung, als der Krieg ausbrach. Junge Frauen wurden als Krankenschwestern gebraucht und – nach entsprechender Ausbildung – in die Lazarette Frankreichs und neuerdings auch Italiens abkommandiert.

Im Frühjahr 1918 kam Agnes in Mailand an. Ihre Dienststelle war das »Ospedale Croce Rossa Americana« in der Via Allessandro Manzoni, unweit von der Piazza La Scala, von der Gallería, vom Domplatz. Die Amerikaner hätten keine feinere Adresse für ihr »Ospedale« finden können. In dem prächtigen Palazzo gab es fünfzehn Zimmer nebst Gesellschaftsraum und Bibliothek, Behandlungszimmer und einem perfekt ausgerüsteten Operationssaal, in dem Hauptmann Sammerelli das Kommando führte, einer der angesehensten Chirurgen der Stadt. Fünfzehn Krankenschwestern aus Amerika und England warteten auf Patienten.

Als Hemingway aus der Narkose aufwachte, stand Agnes vor seinem Bett. »Sie war ziemlich groß. Sie trug etwas, was mir wie Schwesterntracht aussah, war blond und hatte eine gebräunte Haut und graue Augen. Ich fand sie sehr schön« (»In einem andern Land«).

Theodor Brumback, der einäugige Kriegsgefährte und Kollege vom »Star«, schickte nach der Verwundung Hemingways einen ausführlichen Bericht an seine Zeitung in Kansas City. Die Chicagoer Zeitungen druckten ihn nach, denn während in Frankreich täglich Hunderte oder Tausende umkamen, hatte man von Einsatz und Verwundung eines Amerikaners an der italienischen Front noch nichts gehört. Die Leute in Oak Park bekamen es schwarz auf

Schwester Agnes, die erste Liebe. Was Hemingway
von einer liebenden Frau erwartete, ist in einem seiner schönsten
Romane nachzulesen: »In einem andern Land«

Ernest war der erste Amerikaner, der an der
italienisch-österreichischen Front verwundet wurde.
Chicagos Zeitungen veröffentlichten dieses Bild

weiß auf den Frühstückstisch, daß ihr Ernie, selbst schwer verwundet, auf seinen Schultern einen halbtoten Italiener aus der Hölle des Granatfeuers geschleppt hatte.

Ernest selbst konnte sich an das, was nach dem Volltreffer im Unterstand geschehen war, nicht mehr so recht erinnern. In einem Brief an seine Eltern machte er sogar den Versuch, seine Heldentat ein wenig herunterzuspielen. »Ich bin ganz o. k. und sende Euch alles Liebe. Ich bin gar nicht so ein Mordskerl, wie Brummy glauben läßt. Mach' Dir keine Sorgen, Pop! Viele liebe Grüße.«

Nach der Verleihung der Silbernen Tapferkeitsmedaille, in deren Urkunde ihm »vorbildliche Kameradschaft unter Einsatz des eigenen Lebens« bescheinigt wurde, gefiel ihm die Geschichte immer besser, und allmählich begann er damit, sie noch ein wenig auszuschmücken.

Dr. Sammarelli verstand sein Handwerk. Die Granatsplitter wurden entfernt, das Bein nicht amputiert, und das kaputte Knie funktionierte bald wieder. Nach wie vor lasen die Schwestern ihrem »Kid« jeden Wunsch von den Augen ab. Schwester Agnes übernahm häufig den Nachtdienst. Der eifersüchtige Villard überraschte das Paar eines Abends auf der Terrasse, und es sah nicht danach aus, als wolle die Nachtschwester ihrem Patienten den Puls fühlen.

In seinem Roman »In einem andern Land«, den Hemingway zehn Jahre später abschließt, wird die leidenschaftliche Liebesgeschichte zwischen einem jungen Amerikaner an der italienischen Front und einer englischen Krankenschwester erzählt. Die Front, die Etappe in Norditalien, das Hospital in Mailand sind die Schauplätze. Im Hospital verbringen die beiden fast jede Nacht beieinander. Sie fallen sich in die Arme, wo immer sie sich begegnen, sie lieben sich buchstäblich bei offener Tür. „Du bist eine wunderbare Frau«, beteuert er ein ums andere Mal, und das ist sie wirklich, diese Catherine Barkley, der Wunschtraum eines Schriftstellers. Ist Agnes diese Catherine? Agnes war sieben Jahre älter als er. Eine erfahrene Frau mit stark ausgeprägtem Drang nach Unabhängigkeit.

Wieso sie sich da in diesen Jungen verlieben konnte, war ihr selbst ein Rätsel. Narrten sie Muttergefühle, war es der Reiz weiblicher Überlegenheit gegenüber einem Unerfahrenen, den sie auskosten wollte, oder hatte er sie mit seinem Charme einfach überrumpelt? Täglich schickte er Liebesbriefe aus seinem Zimmer im dritten Stock hinunter ins Parterre, wo die Schwestern hausten.

Staunend beobachtete Agnes, wie er in kürzester Zeit zum dröhnenden Mittelpunkt des Hospitals wurde. In seinem Zimmer ging es zu wie in einem Offizierskasino. Der gelbsüchtige Villard war Dauergast bei ihm, Kriegskameraden kamen von weit her angereist, italienische Offiziere aus Mailand machten ihre Aufwartung, darunter ein Oberst, ein Priester, ein Arzt – Typen, die sich später in seinem Roman wiederfinden konnten. Die leeren Wein- und Grappaflaschen häuften sich unter dem Bett.

Häufig kam auch dieser Rotkreuzhauptmann Jim Gambler vorbei, Ernests direkter Vorgesetzter. Ein steinreicher Amerikaner, der Europa noch aus der Vorkriegszeit kannte, besonders Italien. Agnes mochte diesen Gambler nicht. Es gefiel ihr überhaupt nicht, daß ihr »Kid« eine so große Faszination auf ältere Männer ausübte.

An den langen, warmen Sommerabenden draußen auf der Terrasse, wenn sie endlich allein waren, saß ein ganz anderer junger Mann neben ihr, ein schüchterner, ziemlich sentimentaler, einer, der immer wieder hören wollte, daß er geliebt wurde. Und seine ungeschickten Zärtlichkeiten, die sie nicht nur duldete, verrieten überhaupt nichts von einem saloppen Frauenverführer, zu dem er sich vor seinen Freunden so gerne aufspielte. Keine Ahnung hatte er – und Agnes ließ es dabei.

Im Herbst ließ sich Agnes nach Florenz versetzen, als Pflegerin eines typhuskranken Offiziers. Es war wie eine Flucht, aber nicht weit genug. Seine Briefe erreichten sie auch dort. Er bestürmte sie mit Heiratsplänen.

Ihre Antworten konnten ihn darin nur bestärken. »Ich habe meiner Mutter geschrieben, daß ich die Ab-

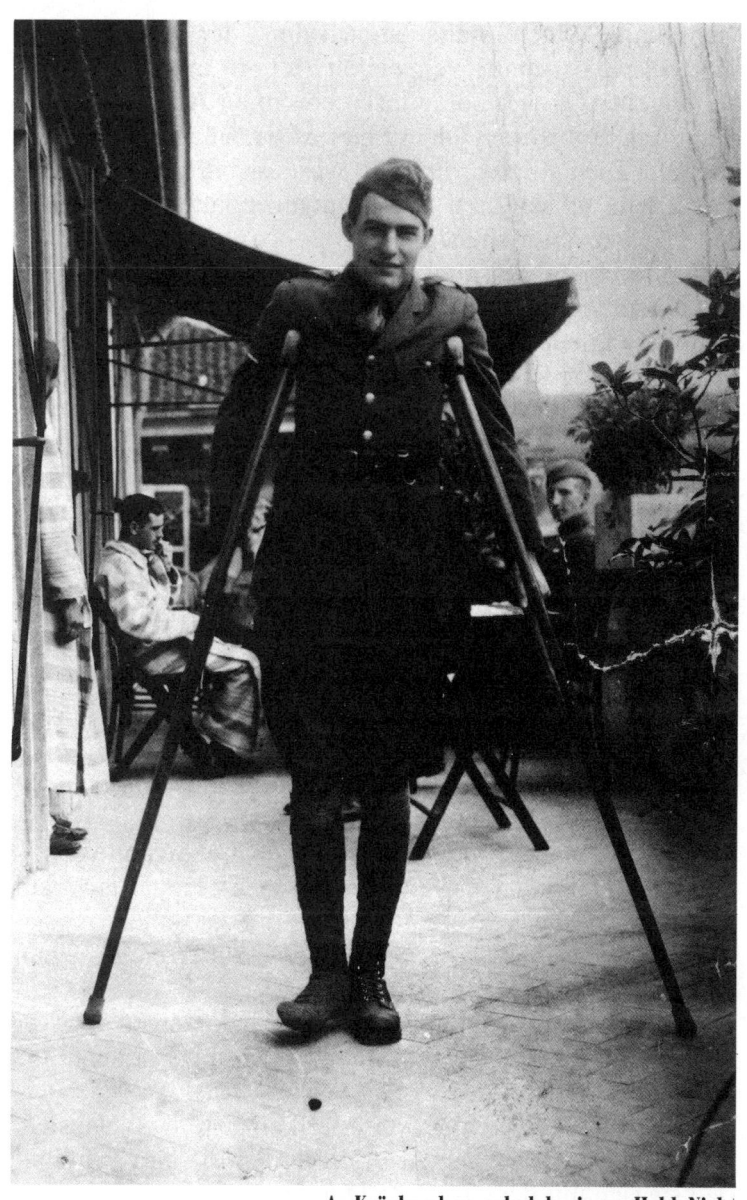

An Krücken humpelnd der junge Held. Nicht
nur die Schwestern, auch ältere Offiziere suchten seine
Gesellschaft – was Agnes nicht gern sah

sicht habe, einen Mann zu heiraten, der jünger ist als ich . . . Sie wird mich verzweifelt als hoffnungslose Kokotte aufgeben . . .« Und an ihren einsamen Abenden klagte sie: »Ach Gott, wenn Du nur hier wärst, würde ich mich sofort auf Dich stürzen, und Du würdest mir zulächeln und mir Deine muskulösen Arme entgegenhalten – aber was hat man von Wünschen?«

Das Leben im Hospital ohne Agnes ödete ihn an. Er fuhr mit einem Freund nach Stresa, und als er hörte, daß die Italiener eine neue Offensive planten, ließ er sich von Freund Gambler nach Bossada abkommandieren. Sein linkes Bein war zwar noch steif, aber das Fahren eines Ambulanzwagens traute er sich schon zu.

Doch daraus wurde nichts mehr: Erstens, weil er sich die Gelbsucht holte, und zweitens, weil Italien und Österreich am 3. November 1918 einen Waffenstillstand unterzeichneten.

Somit hatte er Zeit, einer Einladung Gamblers nach Taormina auf Sizilien zu folgen. Agnes war tief erschrocken, als sie von dieser Einladung erfuhr. »Ich bitte Dich, Liebster, fahre nicht«, schrieb sie. »Du bist ein Schnorrer und Herumtreiber, wenn Du auf Kosten andrer lebst.« Hätte sie sich deutlicher ausdrücken sollen?

Aber er fuhr. Zehn Tage hörte man nichts von ihm, als wäre er verschollen.

Als er dann in Mailand wiederauftauchte, erzählte er seinen Freunden mit verlegenem Grinsen, er sei gar nicht auf Sizilien gewesen. In Süditalien habe ihn eine überaus gastfreundliche Wirtin, eine junge Witwe, überredet, seinen Urlaub bei ihr zu verbringen.

Gambler jedoch konnte einen Brief vorzeigen, was er später oft tat, in dem sich Hemingway für die schönen Tage auf Sizilien bedankte.

Im März des folgenden Jahres erhielt Ernest zu Hause in Oak Park von Agnes einen Brief, in dem sie ihm mitteilte, daß sie sich mit dem Tenente Domenico Carraciolo, einem Neapolitaner, Erbe eines Herzogtums, verlobt habe. Bald werde man Hochzeit feiern.

Mit Hadley nach Paris

In Chicago begegnete Hadley Richardson
dem Journalisten Hemingway. Sie war acht Jahre älter
als er. Das Ziel des Paares: Paris. Ihr kleines
Vermögen machte es möglich

Am 3. September 1921 führte Ernest seine Braut
Hadley vor den Traualtar. Links die Schwestern Carol und
Ursula; rechts Grace, Leicester und der Vater

Ernest in Paris mit seinem ersten Sohn John Hadley Nicanor.
Seinen letzten Namen bekam er nach einem berühmten Stierkämpfer.
Gerufen wurde der Bub dann einfach »Bumby«

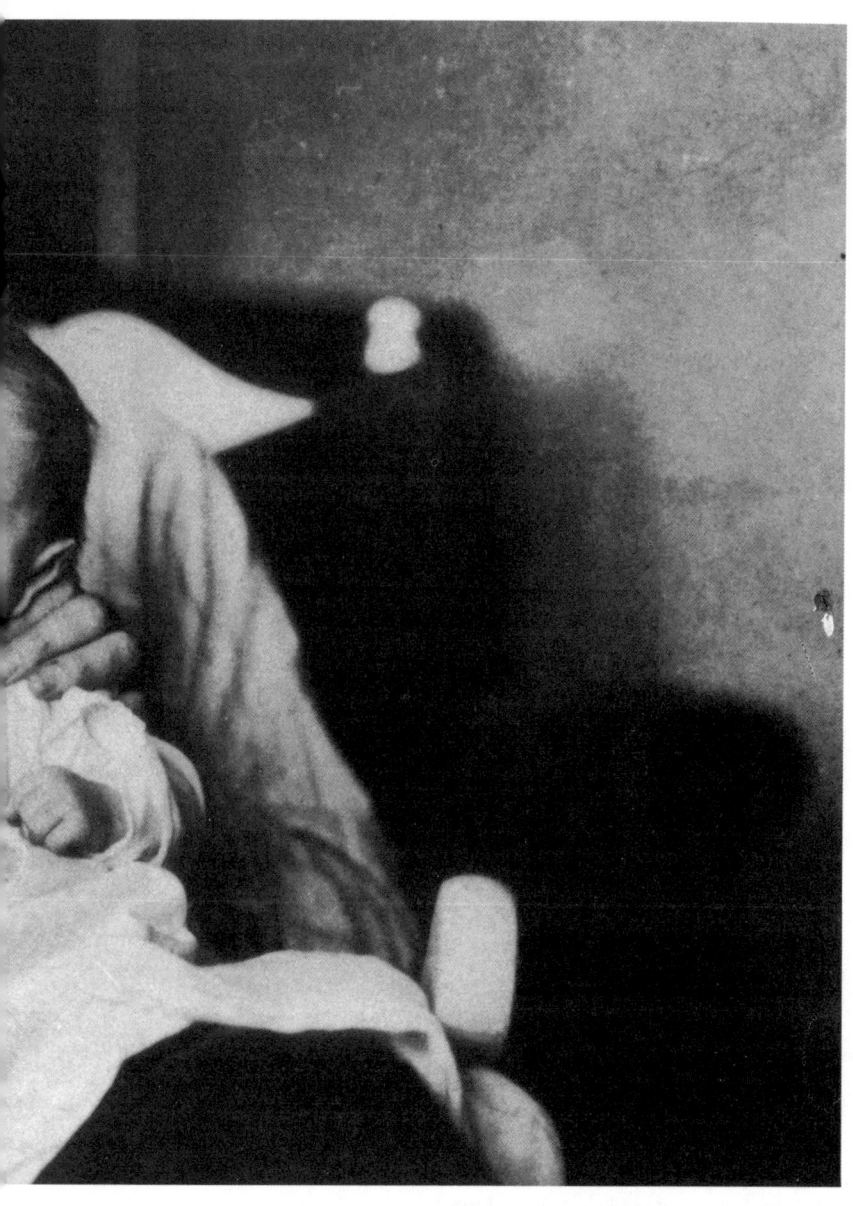

**Bei der Fiesta in Pamplona beweist Ernest
(weiße Hose) vor dem wütenden Stier seinen Mannesmut.
Der Stierkampf wurde bei ihm zur Manie**

Treffpunkt der in Paris lebenden amerikanischen
Literaten: die Buchhandlung Sylvia Beachs. Sie schätzte
Hemingway sehr – auch mit Kopfverband

Ein Journalist namens Hemingway

Sie haben sich in Chicago kennengelernt. Ernest Hemingway trieb sich planlos in der windigen Stadt herum, nachdem er von seiner Mutter Grace sanft, aber bestimmt aus dem Nest gestoßen worden war. Seine Rolle als Kriegsheld sei jetzt abgedroschen, sagte sie, und er solle sich endlich nach einem ordentlichen Beruf umsehen.

Er schrieb Kurzgeschichten, die keiner druckte, boxte sich die überschüssige Kraft aus dem Leib, verprellte alte Freunde und gewann im Handumdrehen neue, verschwand für Wochen in den Wäldern Michigans und nahm schließlich widerstrebend einen festen Job bei der Monatszeitschrift »The Cooperative Commonwealth« an, deren redaktionellen Teil er zur Hälfte mit eigenem »Hingerotzten« füllte – »für lausige vierzig Dollar in der Woche«.

Im übrigen wartete er auf die Zukunft, weil er ganz genau wußte, daß es für ihn eine große Zukunft gab.

Elizabeth Hadley Richardson kam aus St. Louis nach Chicago, eingeladen von einer Schulfreundin zur »Wiederbelebung«, nachdem sie jahrelang am Krankenbett ihrer Mutter gesessen hatte. Vor dem Tod der Mutter hatte sich der Vater erschossen, und ihre Schwester war bei einem Feuer qualvoll ums Leben gekommen. Den Versuch, sich als Pianistin eine Karriere aufzubauen, hatte sie längst aufgegeben, obgleich ihre Lehrer sich von ihrem Talent viel erhofften und lediglich ihre mangelnde Energie beklagten. Woher hätte sie die nach alledem nehmen sollen?

Jetzt war sie eine achtundzwanzigjährige Frau, die noch nicht entdeckt hatte, daß sie eine gute Figur hatte, ein hübsches Gesicht und wunderschöne, rötlich schimmernde Haare. Eingeschüchtert und verunsichert ließ sie den Trubel bei ihrer Freundin über sich ergehen und wäre am liebsten nach Hause gefahren. Bis dann, bei einer Dinner-Party, ein lauter, ungeschlachter Mann ihre Neugierde erweckte. Der Jüngste in der Runde, der mit seinem Lachen, seinen Geschichten alle anderen übertönte und mitriß, der sich zu ihrer Verblüffung zu ihr setzte und die halbe Nacht nicht von ihrer Seite wich. »Ein schöner Jüngling. Er war schlank und bewegte sich gut . . . Er lachte viel und laut aus einem lebhaften Humor heraus . . . Seine konzentrierte Aufmerksamkeit für die Person, mit der er sich gerade unterhielt, war ungeheuer schmeichelhaft. Er rief Aufregung hervor, weil er alles, ob Schreiben oder Boxen, gutes Essen oder Trinken, mit Intensität anging. Alles, was wir taten, nahm eine neue Bedeutung an, wenn er mit uns war«, berichtete eine Ruth Bradfield, die der Chicagoer Clique angehörte.

Hadley blühte auf, legte Schüchternheit und Hemmungen ab wie ein altes Kleid und durchstreifte tage- und nächtelang mit ihm Chicago. Sie trank Bier und Whisky in den Kneipen, johlte mit ihm in der Boxarena, bediente die Stoppuhr, wenn er selber boxte, lief sich die Füße wund bei Jagdausflügen, hörte sich endlose Geschichten über Agnes an, besänftigte seine Wutausbrüche über Grace, zeigte Verständnis für seine Eskapade mit Freund Gambler, gestand, daß ihr ähnliches auch schon mal passiert sei, las seine Manuskripte, zahlte die Zechen – und hatte wieder Spaß am Klavierspielen.

Und als sie nach vierzehn randvollen Tagen zurück mußte nach St. Louis, schrieb sie Briefe, die in ihrer Offenheit die Agnes-Briefe aus Florenz weit übertrafen.

»Du bist wirklich und wahrhaftig der erste, der mich intellektuell und seelisch je befriedigt hat . . .«

»Denk Dir bloß, jemanden so himmlisch zu lieben, daß es absolut gut und richtig ist, zu lieben – und er es auch noch braucht . . .«

»Ich habe niemals erwartet, jemanden zu finden, in dessen Leben ich meine Energie investieren könnte – und jetzt kann ich es, jede Seite von mir unterstützt Dich . . .«

Und als sein zweiundzwanzigster Geburtstag herannahte, versprach sie ihm: »Ich werde Dir eine Corona [Schreibmaschine] zum Geburtstag schenken, und Du wirst mich deshalb heiraten . . . Mann heiratet Mädchen, das ihm eine Corona schenkt, wird gemunkelt . . .«

Bald waren sie sich einig: Sie wollten heiraten. Und einig waren sie sich auch darin, daß sie in Europa ihr gemeinsames Leben aufbauen wollten. »Gemeinsam« war ein Wort, das Hadley jetzt sehr häufig benutzte.

Da war für ihn nur noch das Problem zu lösen, wie sie ihr gemeinsames Leben in Europa finanzieren sollten.

Für Hadley überhaupt kein Problem. Sie hatte von ihren Eltern ein kleines Vermögen geerbt, das monatlich rund dreihundert Dollar an Zinsen abwarf. Wenn er als Reporter noch etwas für die gemeinsame Kasse hinzuverdiente, müßte es doch reichen, oder? Und dann verschied unverhofft auch noch ein Onkel, der ihr satte achttausend Dollar hinterließ. »Diese Welt ist ein Gefängnis, aus dem wir gemeinsam ausbrechen werden«, jubelte Hadley.

Ernest äußerte Bedenken, gespielte vielleicht, aber auch ehrliche. Die Vorstellung, von einer Frau ausgehalten zu werden, kratzte ein bissel an seinem Stolz.

»Wir sind Partner, vergiß das nicht«, ermahnte sie ihn. »Wenn ich nicht gewußt hätte, daß ich mich finanziell allein erhalten kann, hätte ich es Dich gar nicht mit mir versuchen lassen.«

Grace ließ es sich nicht nehmen, eine schöne Hochzeit zu arrangieren. An die hundert Hochzeitsgäste standen auf ihrer Einladungsliste. Am 3. September 1921, an einem glühend heißen Sommertag, war es soweit. Die Gäste versammelten sich pünktlich vor der Kirche, die mit Sumpflilien und Balsaminen geschmückt war. Dr. Hemingway schwitzte in seinem dreiteiligen Anzug und dem gestärkten Flügelkragen, und Grace, mit erhitzten Wangen, platzte vor Ungeduld. Man wartete auf die Braut, die nirgends zu finden war.

Hadley kam eine gute Viertelstunde zu spät, ihr Haar war noch tropfnaß unter dem Blumenkranz, an dem der Brautschleier hing. Sie sei schnell noch einmal schwimmen gewesen, sagte sie.

**Als Journalist begann er seine Karriere. Ernest
hatte sich in den Kopf gesetzt, »wahre Sätze« zu schreiben,
und er arbeitete zeitlebens hart daran**

Die Schönste im ganzen Land sieht Hadley
im Spieglein wohl nicht, aber für Ernest sicher
die richtige Frau zur richtigen Zeit

Die Flitterwochen wollten sie in »Windemere« verbringen. Es war schon dunkel, als Ernest seine Frau über den Lake Walloon ruderte und dann schweigsam ins Haus führte. Umständlich fachte er ein Feuer im Kamin an. Es war kühl und feucht im Haus, Graces übergroßes Bett wartete.

Jetzt erst gestand er Hadley, daß zwischen ihm und Agnes sexuell nichts gewesen sei, daß er überhaupt nicht so erfahren sei, wie er ihr bisher vorgemacht habe. Ob sie jetzt sehr enttäuscht wäre?

Das war das schönste Hochzeitsgeschenk für Hadley. Drei Wochen danach waren sie wieder in Chicago. Ernest gelang es, von dort aus mit dem »Toronto Star Weekly« in Verbindung zu treten und einen Vertrag als Auslandskorrespondent auszuhandeln, der ihm fünfunddreißig Dollar pro Artikel garantierte plus anfallende Spesen. Nun war er finanziell doch nicht ganz von Hadley abhängig, er konnte wieder mit sich zufrieden sein.

Dann lernten sie auch noch den berühmten Schriftsteller Sherwood Anderson kennen, was sich für sie als sehr nützlich erweisen sollte. Anderson war gerade von einer längeren Reise durch Europa zurückgekehrt und riet den Hemingways dringend davon ab, in Italien ihr Glück zu versuchen, wie sie es bis dahin vorhatten. Paris sei der Platz für einen zukünftigen Schriftsteller. Der Wechselkurs mache das Leben billig, und das Quartier latin sei von bedeutenden Leuten überschwemmt. Er sei bereit, an einige Freunde in Paris Empfehlungsbriefe zu schreiben. Was brauchten sie mehr? Anfang Dezember schifften sie sich auf dem französischen Dampfer »Leopoldina« ein.

»Paris – ein Fest fürs Leben«

Paris kann so häßlich sein im Dezember, so grau, so trist, so feindselig. Und im Dezember 1921 war Paris ganz besonders scheußlich. Ein naßkalter Wind fegte über die Boulevards, trieb mürrische Menschen vor sich her, jeder hatte es schrecklich eilig, irgendwo hinzugehen, man watete durch Pfützen, zwängte sich in überfüllte Busse und Metros, floh in verräucherte Bistros, wo übelgelaunte Kellner raunzten. Vor den Türen der Cafés und in windgeschützten Hauseingängen standen jämmerlich frierende Bettler herum. Oder waren es Invaliden? Es gab so viele davon, über anderthalb Millionen, war in der Zeitung zu lesen. Darunter sicher manch einen, der es zutiefst bedauerte, nicht zu den Millionen zu gehören, die draußen auf den Schlachtfeldern Frankreichs geblieben waren. Der Krieg war gewonnen, seit drei Jahren schon, aber wer sprach heute noch von Sieg und *gloire*. Die schleichende Inflation nagte an Renten und Hungerlöhnen, es wurde gestreikt, demonstriert, rebelliert, und keiner wurde davon satter. Kohle war knapp, die Deutschen lieferten nicht, sie wollten oder konnten nicht. Dabei hatte Clemenceau seinen Landsleuten versprochen: »Die Deutschen zahlen alles!« Einhundertsechzig Milliarden Franc hatte Frankreich der Krieg gekostet – mal sehen, wie sie das bezahlen und wann. Weite Teile Ostfrankreichs waren ein Trümmerfeld, die Industrie kam nicht in Schwung, der Landwirtschaft fehlten Arbeitskräfte.

Nur ein verrückter Amerikaner konnte da noch behaupten: Paris sei ein Fest fürs Leben!

Aber das war es wirklich, trotz Misere und Tristesse: ein verrücktes, ein geniales Fest. Paris war wieder die lebendigste Stadt der Welt. Man hißte die Flagge der Avantgarde, warf Altbewährtes – und Verehrtes – über Bord wie Ballast von einem sinkenden Schiff und fand das Neue, Extravagante atemberaubend. Künstler, Schriftsteller, Musiker aus aller Welt glaubten, nur noch in Paris leben und arbeiten zu können: Gertrude Stein und James Joyce; Pablo Picasso und de Chirico, Max Ernst, Marc Chagall, Serge Prokofjew und Strawinski; der Rumäne Brancusi und der Kubaner Francis Picabia. Serge Diaghilew, der geniale Arrangeur, der Prinz aller Homosexuellen, feierte Triumphe mit seinem »Russischen Ballett«, und Coco Chanel verwandelte die Schönen der Nacht in Epheben ohne Busen, ohne Taille, ohne Po. Dafür durften sie ihre Beine zeigen, wenn sie »Onestep«, »Quickstep«, »Foxtrott« tanzten, am verrücktesten in dem Nachtlokal, das »Le Bœuf sur le Toit« hieß (»Der Ochse auf dem Dach«). Jean Cocteau, der vielseitige Künstler und Alleskönner hatte es erfunden und eingerichtet. Der unnachahmliche Barpianist Wiener spielte hier die Schlager der Saison: »Ain't She Sweet« und »Constantinople« und »Eßt Schokolade, trinkt Kuh« und »Dada, Dada«, wobei nicht jeder gleich an Dadaismus dachte.

Die Hemingways kamen an diesem miesen Dezembertag des Jahres 1921 an der Gare de Lyon an und leisteten sich ein Taxi bis zum Hotel »Jacob et d'Angleterre« im Quartier latin. Die kleine, aber saubere Zwei-Zimmer-Suite kostete zwölf Franc pro Tag, also nicht mal einen Dollar bei einem Wechselkurs von 1:12.61. Sie erlernten schnell das Umrechnen, und je genauer sie rechneten, desto größer ihre Freude an der Inflation. Und sie waren nicht die einzigen. Ihre Landsleute kamen in Scharen. Bald konnte die Fremdenpolizei 36 000 Amerikaner mit festem Wohnsitz in Paris registrieren. Eine bunt gemischte, lärmende Invasion: Künstler und Halbkünstler, Schriftsteller und Journalisten, Schmarotzer und Tagediebe bevölkerten das Quartier latin, besetzten das »Café Rotonde« nebst vielen anderen und genossen es, Bohemiens zu sein.

Ende Januar konnte Hadley ihrer Schwiegermutter in Oak Park berichten, daß sie eine winzige Wohnung gefunden hätten in der rue du Cardinal Lemoine 74, dritter

Stock, kein Lift. Auf jedem Treppenabsatz befände sich ein Klo, »wo man auf zwei Fußtritten in die Hocke geht«. Die Küche sei sehr eng, da habe nur einer Platz, jedoch das Bett aus falschem Mahagoniholz sei groß, die Matratze zufriedenstellend. In einer Nische habe sie sich Platz geschaffen für ein kleines Gavian-Piano, und von der Concierge, Madame »Cocotte«, lerne sie französisch kochen.

Hadley war oft allein, aber sie war glücklich und ihrem Schicksal unendlich dankbar. Nach dem gemeinsamen Frühstück, bei dem Ernest den Sportteil der Morgenzeitung studierte, verschwand er mit seinem dicken, blauen Notizbuch in seinem Arbeitszimmer, das sich im obersten Stockwerk des schmalbrüstigen Hotels nebenan befand. Den Eisenofen mußte er selber anheizen.

Dort feilte und bastelte er an seinen Sätzen, an den einfachen, klaren Aussagen, ohne Schnörkel und Verzierung, ohne Pathos und Eitelkeit. Wahr sollten sie sein, kraftvoll wie ein rechter Haken.

»Ich bin auf der überfüllten hinteren Plattform des Sieben-Uhr-Busses gestanden, als er längs der nassen, laternenbeleuchteten Straße dahinschlingerte, während die Passanten, die heim zum Abendessen fuhren, nicht von ihren Zeitungen aufblickten, als wir an der grauen, regentriefenden Notre-Dame vorbeikamen. Ich habe eine Straßendirne mit einem Bein gesehen, die auf dem Boulevard Madeleine auf den Strich geht, wie sie in einer regnerischen Nacht entlang des Bürgersteigs durch die Menge hinkte, während ein fleischiger, rotgesichtiger Geistlicher der Episkopalkirche einen Regenschirm über sie hielt . . .«

Die Redakteure des »Toronto Star« saßen oft ratlos vor solchen Impressionen. Was sollten sie damit anfangen? Sie erwarteten von ihrem Pariser Korrespondenten Fakten, Daten, Zahlen. Nur John Bone, der Chefredakteur, ahnte, daß hier ein großes Talent dabei war, einen bis dahin einzigartigen, unverwechselbaren Stil zu entwickeln. Bone ließ ihn weitermachen und schickte ihn im April 1922 nach Genua zur Internationalen Wirtschaftskonferenz, bei der zum ersten Mal nach dem Weltkrieg die Vertreter Deutschlands und der Sowjetunion auftraten.

Hemingway hatte wenig Ahnung, worum es auf dieser Konferenz eigentlich ging. Er beschrieb, was er sah: die Briten »die bestgekleidete Delegation«; den deutschen Außenminister Walther Rathenau, »den kahlsten Kopf auf der Konferenz«; den deutschen Reichskanzler Dr. Wirth, der »aussieht, als blase er die Tuba in einer deutschen Militärkapelle«; Litwinow »mit seinem Schinkengesicht« . . .

Die Stadt Genua interessierte ihn mehr als die Konferenz. Er durchstreifte die Elendsviertel am Hafen, die Brutstätte der kommunistischen Partei Norditaliens. Dabei entging es ihm, daß sich die Deutschen und die Sowjetrussen klammheimlich in Rapallo trafen, dreißig Kilometer von Genua entfernt, und dort einen Sondervertrag abschlossen. Ein Aufschrei der Empörung ging durch die Weltpresse – mit Ausnahme des »Toronto Star«. Dessen Leser erfuhren zu ihrer Verblüffung, daß die Faschisten weit gefährlicher seien als die Roten. »Die Faschisten sind kräftige, begeisterte junge Leute, große Nationalisten . . . Sie haben den Schneid und die ganze Rücksichtslosigkeit der Jugend im Leibe. Sie marschieren in geschlossenen Formationen, eine Drachensaat!« Und ihr Duce, der Mussolini, der sei der »größte Bluffer Europas«. Man solle ihn sich einmal genau ansehen. »Mit Leuten, die schwarze Hemden und weiße Gamaschen tragen, stimmt etwas nicht, auch dramaturgisch nicht . . . Trotzdem, vielleicht hält Mussolini fünfzehn Jahre durch . . .«

Nicht schlecht gesehen von einem dreiundzwanzigjährigen Amerikaner, der Europa noch nicht kennengelernt hat, der in den Zeitungen nur Sportberichte liest, kaum einen Blick in den politischen Teil wirft und gar keinen ins Feuilleton.

Gertrude Steins »verlorene Generation«

Ernest Hemingway war ein scheuer Mensch. An Leute, die ihn nicht kannten, machte er sich selten heran, schon gar nicht an Prominente und Frauen. Viel lieber ließ er die anderen kommen. Als Journalist blieb ihm zwar nichts anderes übrig als sich heranzumachen, wenn er den Auftrag hatte, eine Berühmtheit zu interviewen, aber das war ganz was anderes, da konnte sich der unbekannte Hemingway hinter der bekannten Zeitung verstecken, die er vertrat. Doch selbst das kostete ihn jedes Mal eine große Überwindung. Außerdem lispelte er leicht, wenn er in Verlegenheit geriet. Niemals hat er versucht, mit einem französischen Schriftsteller in Berührung zu kommen, bei einem André Gide oder Cocteau oder Malraux, Saint-Exupéry oder bei wem auch immer anzuklopfen; die Literaturszene in Paris blieb ihm verschlossen, und er vermißte sie nicht.

Es dauerte Wochen, bis er sich auf Drängen Hadleys entschloß, wenigstens die Amerikaner aufzusuchen, für die ihm Sherwood Anderson Empfehlungsschreiben mitgegeben hatte, Sylvia Beach zum Beispiel.

Sylvia war 34 Jahre alt und hatte »ein lebhaftes, scharfgeschnittenes Gesicht, braune Augen, die so lebendig waren wie die eines kleinen Tieres und so vergnügt wie die eines jungen Mädchens«. Sie lebte seit Kriegsende in Paris und führte in der rue de l'Odéon eine Buchhandlung und Leihbücherei, die »Shakespeare and Company« hieß. Alle Neuerscheinungen amerikanischer und englischer Schriftsteller waren bei ihr zu haben oder anzugucken, ebenso Zeitungen und Zeitschriften.

An den Wänden zwischen den Bücherregalen hingen Porträts von Walt Whitman, Edgar Allen Poe, Joseph Conrad, Sherwood Anderson. Ein großer Kachelofen verbreitete Gemütlichkeit. »Shakespeare and Company« war eine Art literarisches Café ohne Ausschank. Dafür wurde man hier mit jedem Klatsch und Tratsch von der Rive Gauche versorgt, und Sylvia war immer auf dem laufenden. »Sie war freundlich, vergnügt und interessiert . . . Ich habe nie jemanden gekannt, der netter zu mir war«, schwärmte Hemingway noch nach Jahrzehnten, als er seine Erinnerung an »Paris – ein Fest fürs Leben« niederschrieb. Obendrein war ihre Nettigkeit ganz ohne Arg und Absichten, denn Sylvias Lebensgefährtin hieß Adrienne Monnier, eine füllige, matronenhafte Pariserin, die ebenfalls einen Buchladen besaß.

Eines Tages mußten Hemingway und James Joyce hier zusammentreffen. Der noch längst nicht weltberühmte Ire, damals arm wie eine Kirchenmaus, hatte seinen Stammplatz vor Sylvias Kachelofen, wo er halbe Tage zubrachte, die kurzsichtigen Augen in irgendein Buch gebohrt. Daß er eins kaufte, kam selten vor.

Da ein freundschaftlicher Boxkampf mit dem siebzehn Jahre älteren, obendrein halbblinden Mann nicht in Frage kam, blieben ihnen nur zwei Möglichkeiten, um einander näherzukommen: nächtelange Zechtouren durch die billigen Kneipen des Quartier und der Austausch von Manuskripten. Aus dem Respekt, den der junge Hemingway von der ersten Stunde an vor Joyce empfunden hatte, wurde tiefe Bewunderung. »Joyce hat ein gottverdammt wunderbares Buch geschrieben«, berichtete er Anderson nach Chicago. Der Titel: »Ulysses«. Es fand sich nur kein Verleger, weder in England noch in Amerika, der sich an so was Abnormes, Noch-nie-Dagewesenes von einem Roman herangetraut hätte.

Da nahm sich die kleine Buchhändlerin aus der rue de l'Odéon ein Herz, riskierte einen für ihre Verhältnisse riesigen Batzen Geld und brachte eine Subskriptionsausgabe heraus. Hemingway versuchte wie ein Handlungsreisender, Subskribenten aufzutreiben. Allzu viele kamen nicht zusammen, aber immerhin: Im Frühjahr 1922 lag der »Ulysses« zum ersten Mal im Schaufenster einer Buchhandlung, »wie eine Freiheitsflagge, aufgepflanzt an der Rive

Gauche«. Ein Jahrzehnt später konnte das Buch in allen Kultursprachen der Welt gelesen werden.

Im Vergleich zum gewaltigen »Ulysses« hatte Hemingway noch wenig zu bieten. Etwa ein Dutzend Stories lagen vor, einige sind auch veröffentlicht worden. Joyce schrieb: »Er ist ein guter Schriftsteller, dieser Hemingway. Er schreibt, wie er ist. Wir mögen ihn. Er ist ein großer, kräftiger Bauer, stark wie ein Büffel. Und bereit, das Leben zu führen, von dem er schreibt . . . Aber Riesen dieser Art sind wirklich bescheiden. Es steckt viel mehr hinter Hemingways Äußerem, als die Leute wissen.«

Die zweite Adresse, an die sich Ernest, mit Hadley an der Hand, herantraute, war rue Fleurus 27, gleich neben dem Jardin du Luxembourg. Gertrude Stein bewohnte hier ein zweistöckiges Appartement. Sie empfing am Samstag nachmittag zum Tee, und die Gäste, die da kamen, überwiegend Männer, konnten fast alle die höheren Weihen als Künstler oder Schriftsteller vorweisen.

Gertrude Stein fühlte sich als Mutter der jungen amerikanischen Schriftstellergeneration, sie hatte – und sie weidete sich an dem Ruf – den neuen Prosastil erfunden, die radikale Vereinfachung der Sprache, und zählte großzügig alle Genialen zu ihren Jüngern, von Anderson bis John Dos Passos, Ezra Pound bis Fitzgerald und James Joyce. Die »verlorene Generation« nannte sie ihre Gefolgschaft. Der Begriff, der bald in die Literaturgeschichte eingehen sollte, stammte übrigens von ihrem Garagisten, der eines Tages mit der Reparatur ihres Automobils nicht termingerecht fertig geworden war. Er sei von seinen Mechanikern im Stich gelassen worden, klagte er. Sie taugten alle nichts, diese jungen Leute von heute. Vom Krieg verdorben, saufen, huren, koksen sie in den Tag hinein, scheißen auf Ordnung, Arbeit, Disziplin und Moral . . . eine »génération perdue«, Madame, oder – null Bock auf gar nichts.

Der äußere Rahmen, in dem Gertrude ihre literarischen Séancen abhielt, versetzte jeden Besucher in eine andächtige Stimmung. »An den hohen, weißgetünchten Wänden

Gertrude Stein, eine Amerikanerin in Paris, von
Picasso gemalt. Die Mutter der »verlorenen Generation«
nahm den jungen Hemingway unter ihre Fittiche

hingen in angemessenen Abständen Renoirs, Gauguins, Manguins, zwei Reihen Matisses, ein enormer Picasso aus der Harlekin-Periode, ein großes Frauenporträt von Cézanne in Öl, mehrere Aquarelle von Cézanne, eine große Nackte von Felix Valloton, ein Gertrude-Stein-Porträt von Valloton, ein Toulouse-Lautrec, ein Bonnard, ein kleiner Daumier, ein mittelgroßer El Greco und einige andere mehr« (Kenneth S. Lynn).

Das Vermögen ihrer jüdisch-deutschen Eltern, die in den siebziger Jahren nach Amerika ausgewandert waren, ermöglichte Gertrude und ihrem Bruder Leo das Bildersammeln. Um die Jahrhundertwende hatten sie damit in Paris begonnen. Nach dem Krieg hatte sich Bruder Leo nach Rom abgesetzt, nicht ohne die Hälfte der Sammlung mitzunehmen, und an seiner Stelle war Alice B. Toklas in das Appartement eingezogen, als Gertrudes Sekretärin, Hausdame und penetrant eifersüchtige Lebensgefährtin.

Ernest und Hadley wurden von Alice empfangen, kurz gemustert – Ernest hatte ein quergestreiftes Fischerhemd an und ausgefranste Tennisschuhe – und dann in das Studio geführt. In der offenen Flügeltür gab Alice mit dem Finger an der Unterlippe das Zeichen zum Innehalten. Drinnen saßen, standen ein Halbdutzend Männer um eine Frau herum. Einer las irgend etwas vor. Dieser Mann – Hadley meinte, Picasso zu erkennen, ein unverwechselbares Gesicht – trug ein Gedicht vor, französisch. Hadley verstand kein Wort, Ernest sicher auch nicht. Aber die tiefe, warme Frauenstimme, die sich anschließend erhob, war gut zu verstehen: »Ach, Pablo, geh nach Hause, malen!«

Hadley erschrak zutiefst, als Gertrude Stein auf sie zukam, um sie zu begrüßen. Mein Gott, schoß es ihr durch den Kopf, das ist Grace. Gertrude hätte tatsächlich Ernests Mutter sein können, dem Alter nach, auch das runde Gesicht, die üppige und doch leichtfüßig daherschreitende Gestalt, die wallenden Gewänder . . . ganz Grace. Nur die Haare schwarz statt blond.

Ernest dachte wohl nicht an seine Mutter, als er zum ersten Mal in Gertrudes »energisches, deutsch-jüdisches Gesicht sah, ihre wunderschönen Augen«, den schweren, bäuerischen Körper und ihre enormen Brüste bewunderte. Er kam nicht los davon. Auf dem Heimweg, als sie angeheitert von den duftenden, köstlichen »Eaux de vie«, die nach dem Tee serviert worden waren, durch den Jardin du Luxembourg gingen, wollte er von Hadley wissen, wie schwer solche Brüste sein könnten. Mehr als vier Pfund, jede einzelne?

Ihr Besuch war offensichtlich ein Erfolg, denn bereits wenige Tage später keuchte Gertrude, gefolgt von Alice, die steile Treppe zur Wohnung der Hemingways in der rue du Cardinal Lemoine empor. Erschöpft warf sie sich auf das vergoldete Mahagonibett, einen anderen Platz hätte sie hier auch nirgends gefunden, und verlangte, Manuskripte zu sehen. Die Gedichte, na ja, Picasso mache dürftigere; das Anfangskapitel des Romans ersticke in Beschreibungen, »nicht besonders guten Beschreibungen«, sagte sie. »Schreiben Sie das Ganze noch mal, komprimieren Sie.«

Ernest war begeistert. Alles, was sie sagte, traf genau das, worauf es ihm beim Schreiben ankam. Schließlich wagte er es, ihr »Oben in Michigan« aufs Bett zu legen, die Geschichte von der Entjungferung einer verliebten Kellnerin auf den rauhen Bohlen eines Anlegesteges in Horton Bay. Gertrude las, ohne die Miene zu verziehen, fand die Geschichte sogar ausgezeichnet, doch leider »inaccrochable«. So bezeichne man ein Bild, das dem Maler zwar gelungen sei, aber nicht aufgehängt werden könne, weil es Schamgefühle verletze.

Aus diesem Besuch wurde eine Freundschaft, die erst nach 15 Jahren häßlich zu Bruch ging. Aus Ernests Pariser Zeit aber ist Gertrude nicht wegzudenken. Er lief zu ihr, wann immer ihn etwas bedrückte, Privates oder Berufliches, was bei ihm allerdings nicht zu trennen war, und er war jederzeit willkommen, nicht nur an den Samstagnachmittagen. »Ich lerne viel von ihr«, schrieb er an Sherwood Anderson. »Wir sind wie Geschwister zueinander.«

Eine etwas differenziertere Analyse ihrer Beziehung gab er Gertrudes Biographen W. C. Roger: »Gertrude Stein unterhielt sich mit mir häufig und gern über Homosexualität. Sie fand diese Veranlagung bei Männern abscheulich und ekelerregend, bei Frauen hingegen ästhetisch . . . Ich wollte sie immer mal ficken, und sie wußte das.«

Da aber wird Alice B. Toklas scharf aufgepaßt haben.

Sylvia und Gertrude hatten mit Hadley wenig im Sinn. Sie fanden sie nett, wenn auch ziemlich provinziell, zumal in ihrem Geschmack. Aber als Ehefrau Hemingways wurde sie wohlwollend in Kauf genommen.

Hadley ertrug dieses Übersehenwerden gelassen. Es amüsierte sie mehr, als es sie ärgerte. Selbst als sie bei Gertrude mit Alice abseits von der Runde Platz nehmen mußte, sie sozusagen als Ehefrauen an den Katzentisch verwiesen wurden, fand sie das nur belustigend.

Diese Souveränität verdankte sie sicher dem Umstand, daß sie zu der Zeit rundherum glücklich war. Mit dem Eifer der Zufriedenen widmete sie sich ihrem winzigen Haushalt, hatte ihren Spaß beim Einkauf auf dem nahe gelegenen Gemüsemarkt, und über die kleine Ziegenherde, die damals in den Morgenstunden noch durch die Straßen getrieben wurde, konnte sie sich nicht genug wundern. Die Hausfrauen kamen mit ihren Milchtöpfen, hielten sie unter die prallen Euter, während die Tiere großäugig die Köpfe nach allen Richtungen drehten wie Touristen. Wenn Ernest in aller Frühe mit seinem blauen Notizbuch im Arbeitszimmer oder in der »Closerie des Lilas«, Ecke Saint-Michel und Montparnasse verschwand, übte sie an ihrem Klavier Bachs »Goldberg-Variationen«, die sie bis zu seinem Geburtstag intus haben wollte, memorierte singend die unregelmäßigen Verben dieser vertrackten französischen Sprache oder kroch, wenn es wieder einmal regnete, ins Bett und las, bis die Augen tränten. Außerdem mußte sie auf der »Corona« Manuskripte ins reine tippen.

Am schönsten aber waren die endlosen Spaziergänge mit ihm durch die Straßen, vorbei an den Bouquinisten am

Seine-Quai, über die Brücke in die Tuilerien oder in den Louvre, dann die lauten Nächte beim »bal musette« oder im »Velo d'Hiver«, beim Sechstagerennen, und spät, sehr spät, das müde Flüstern im Mahagonibett:

»Wir haben zuviel Glück, Tatie.«

»Ja, Hasch, das haben wir, aber wir müssen brav sein und es festhalten.«

An Hadleys Garderobe wurde gespart, an seiner sowieso, eine etwas komfortablere Wohnung kam nicht in Betracht, dafür schafften sie sich Skiausrüstungen an und fuhren in die Schweiz. Nichts wie weg aus dem Pariser Schneeregen. Von Montreux am Genfer See fuhr eine elektrische Bahn steil hinauf nach Chamby.

Madame Anna Gangwisch, die Pensionswirtin, pustete morgens um sieben das Eisenöfchen an, stellte um neun behutsam die Frühstückstabletts auf die rotkarierten Plumeaus, stieß die Fensterläden auf und sagte in den vierzehn Tagen vierzehnmal auf schwyzerdütsch: »'s ischt 'n guat's Wetter hüt.« Für fünf Dollar pro Tag, Vollpension. Die Schneehänge von Chamby waren zu dieser Stunde noch blaugefroren, und die Gipfel hoch oben ließen sich von der Sonne gerade die Zacken und Zähne mit einer goldroten Paste aufputzen. Außer den Hemingways gab es wenige Gäste. Auf die Völkerwanderung auf Skiern mußte Chamby noch einige Jahre warten. Der stramme Sohn der Gangwischs bemühte sich, Hadley und Ernest Umgang mit den langen Brettern beizubringen. Für einen halben Dollar pro Tag. Madame sei viel sportiver als Monsieur, stellte der lausige Bengel fest, als Ernest zum dutzendsten Mal in einer Schneekuhle lag. Mais non, mais non, wehrte Hadley energisch ab, Monsieur habe ein kaputtes Knie, *blessé dans la guerre, compris?* Der hörte es nicht, sonst wäre der Tag verdorben gewesen.

Nachdem er den ersten Stemmbogen zustande gebracht hatte, besann sich Ernest seines Reportervertrages mit dem »Star« und kabelte nach Toronto:

»Die Schweiz ist ein kleines, steiles Land – viel mehr auf

und ab als seitwärts –, und sie ist ganz mit großen braunen Hotels besetzt, die in einer Art Kuckucksuhr-Architektur gehalten sind . . . Alle Hotels sehen aus, als wären sie vom selben Mann mit derselben Laubsäge gemacht.«

In Paris empfing sie das gleiche Matschwetter, dem sie vor vierzehn Tagen entflohen waren. Aber das war jetzt unwichtig, da der »Star« etwas »seriösere Berichte« anforderte, und das machte Arbeit. Mitte April fuhren sie wieder nach Chamby, weil's so schön war. Diesmal wurden sie von Captain Chink Dorman-Smith begleitet, einem wortkargen Engländer mit lässig-feinen Allüren. Kein Journalist, kein Künstler, kein Schriftsteller, sondern ein Sandhurst-geschulter, von den Materialschlachten des Weltkrieges geprägter Berufsoffizier, der der britischen Besatzungstruppe in Köln zugeteilt war.

Ernest und der fünf Jahre ältere Chink hatten sich in Italien 1918 angefreundet, und Hadley fühlte sich wohlgelitten in seiner Gesellschaft. Von Chink wurde sie nicht übersehen, sie spürte, daß sie ihm sympathisch war und vielleicht auch mehr als das. Aus seiner Reserve war er allerdings nie herauszulocken. Hadley konnte nicht ahnen, daß er peinlich berührt war, jeden Morgen von Ernest die Schilderung intimster Eheerlebnisse vorgesetzt zu bekommen.

Die kräftige Frühlingssonne hatte den Schnee bis weit hinauf unter die Felsklippen weggeschmolzen, dafür bedeckte ein weißer Krokusteppich die Hänge rings um Chamby. Ernest ging täglich hinunter an den Fluß zum Angeln, während Hadley und Chink weite Spaziergänge machten und anschließend auf der Sonnenterrasse des Dorfgasthauses auf ihn warteten. Es war Ernests Idee, diese idyllischen Wochen mit einer Wanderung über den Großen St. Bernhard ins Aosta-Tal abzuschließen.

Es wurde kein fröhlicher Ausflug, zu dem sie leichtsinnig aufgebrochen waren, nachdem sie das große Gepäck per Post nach Paris abgeschickt hatten. Über den Großen St. Bernhard brach überraschend noch mal der Winter herein, sie mußten über viele Kilometer durch knietiefen

Schnee stapfen, und Hadleys blaugefrorene, blasenübersäte Füße schmerzten höllisch bei jedem Schritt.

»Ich hatte Halbschuhe an und einen Rock«, erzählte sie Jahrzehnte später lachend einem Journalisten. »Meine Skischuhe waren unterwegs nach Paris. Wahrscheinlich wollte ich Chink meine schönen Beine zeigen . . .

In Mailand verabschiedete sich Chink, weil er in Köln in seiner Kaserne erwartet wurde, während Ernest und Hadley noch nach Venedig fahren wollten, sobald sie wieder auf ihren Füßen stehen konnten. Wichtiger als Venedig war Ernest das Wiedersehen mit Fossalta, wo ihn die österreichische Granate erwischt hatte. Hadley sollte den Ort kennenlernen, wo ihm das Leben zum zweiten Male geschenkt worden war.

An einem grauverhangenen, regnerischen Tag fuhren sie mit einem Taxi von Mestre nach Fossalta und von dort am Westufer der Piave einige Kilometer flußaufwärts.

»Hier irgendwo muß es gewesen sein«, sagte Ernest beklommen und kletterte die Uferböschung hinunter, die sanft zum Fluß abfiel. Etwas Besonderes war nicht zu erkennen. Nur einige Mulden und Vertiefungen, in denen Gestrüpp wucherte und Unrat faulte, ließen auf ehemalige Unterstände oder Schützengräben schließen. Ziemlich trostlos und unheroisch alles. Die Piave wälzte ihr schmutzigbraunes Frühlingshochwasser glucksend zu Tal.

»Laß mal«, sagte Hadley eher verlegen als spöttisch, »in ein paar Jahren wird hier sicher ein Denkmal stehen, zum Gedenken an Ernest Hemingway, der hier am 8. 7. 1918 für Italien sein Leben einsetzte.«

Nichts konnte Hemingway weniger ertragen als Spott, und schon gar nicht den Spott einer Frau. Fluchend und sehr stark hinkend kletterte er die Böschung hinauf zum wartenden Taxi.

Es sollte noch fünf Jahre dauern, bis er sich fähig fühlte aufzuschreiben, was hier an diesem unscheinbaren Flußufer seinen Ursprung hatte: »In einem andern Land«.

Billiger Schwarzwald

Im Sommer durfte Hadley mit auf eine Reportagefahrt nach Deutschland. Bis Straßburg nahmen sie ein Flugzeug. Der erste Flug ihres Lebens. Das war mal wieder was für Hadley. Sie starteten in Paris in einem kleinen Doppeldecker der dubiosen »Franco-Rumänischen Aero-Companie«. Der Pilot, auf dessen Nase eine riesige Schutzbrille saß, trug eine fleckige Lammfelljacke und eine Schirmmütze, die er verkehrt herum aufhatte. Die Maschine, die stark nach Rizinusöl roch, schaukelte Hadley schon nach wenigen Minuten in einen seligen Schlaf, aus dem sie erst erwachte, als Straßburg unter ihnen lag, »wie eine Illustration aus Grimms Märchen«.

Dann über den Rhein, nach langwieriger Paßkontrolle, bei der sie stundenlang eingekeilt waren in einer Menge ungeduldiger Franzosen. Bei der galoppierenden Inflation in Deutschland lohnte es sich für sie, dort einzukaufen, was nicht niet- und nagelfest war. Aber abends mußten die Franzosen wieder raus aus Deutschland.

»Es ist ein groteskes Schauspiel, den Mob jeden Nachmittag die deutschen Bäckereien und Konditoreien stürmen zu sehen«, berichtete Ernest.

Von Freiburg aus unternahmen die Hemingways mit Rucksack und Angelzeug einen wochenlangen Ausflug in den Schwarzwald, um Forellen zu fischen. Amerikaner waren damals im Schwarzwald selten, und die Bauern empfingen sie mürrisch, mißtrauisch, feindselig. Sie ließen die Hunde von der Kette, wenn die Fremden vor dem Tor auftauchten, und wurden erst beim Anblick der Dollarscheine zugänglich.

»Die meisten Gasthäuser im Schwarzwald heißen ›Zum Rößle‹. Aber es gibt auch eine Menge ›Adler‹ und ›Sonnen‹ . . . Die Bettlaken sind kurz, die Federbetten klumpig, die Matratzen hellrot, das Bier gut, der Wein schlecht . . . Der Wirt versteht nie, was Sie sagen, seine Frau bindet sich die Schürzenbänder, während sie den Kopf schüttelt . . . Die Deckenbalken sind schwarz vom Rauch. Die Hühner scharren im Vorgarten, und der Misthaufen dampft unter dem Schlafzimmerfenster.«

Ernest ließ sich nicht abschrecken. Die Forellen bissen eifrig an, der Schwarzwald erinnerte in seiner dunklen Kühle an Michigan, und Hadley nahm, wie immer, jede Strapaze an seiner Seite fröhlich in Kauf.

Außerdem sah er sich hier in einer Beziehung besonders gut bedient: »Da die Mark immer weiter fällt, haben wir jetzt mehr Geld als vor zwei Wochen, als wir losgegangen sind, und wenn wir noch lange genug bleiben würden, könnten wir hier zweifellos umsonst leben. Wirtschaftswissenschaft ist doch eine großartige Sache« (Brief nach Hause).

Zum Geld hatte er schon in jungen Jahren ein inniges, wenn auch ambivalentes Verhältnis. Er gab es leichtfertig aus, wenn's ihm Spaß machte, wettete leidenschaftlich gern, verlor beim Pferderennen unbekümmert große Summen, wurde aber zugleich von der Angst gepeinigt, plötzlich arm dazustehen. Mit zunehmendem Alter wuchs diese Angst und wurde schließlich manisch. Seinen Freunden half er großzügig aus, wenn er dazu in der Lage war, schrieb aber böse Briefe, wenn die Rückzahlung nicht pünktlich eintraf. Für seine Verleger waren die Abrechnungen mit Hemingway ein Alptraum. Seine Frauen hielt er kurz, was sie weiter nicht störte, da sie alle – bis auf seine vierte Frau – über eigenes Vermögen verfügten. Geschenke machte er grundsätzlich nicht. Mit einer Ausnahme: Hadley überraschte er an ihrem 34. Geburtstag mit einem großen Ölbild, das »Der Bauernhof« hieß und von dem Spanier Joan Miró stammte. Viele Jahre nach ihrer Scheidung – die Wunden waren längst vernarbt – bat er Hadley in einem Brief um den Miró; sie habe das Bild nun lange genug gehabt, und er möchte es auch einmal sehen, nur ein paar Wochen lang, in Erinnerung an ihre schöne, gemeinsame Zeit. Hadley schickte ihm das Bild und bekam es danach nie wieder zurück.

Außer über Schwarzwaldwirte gab es noch eine andere Geldbeziehung zu den Deutschen. In Frankfurt am Main erschien eine Zeitschrift, die »Der Querschnitt« hieß. Alfred Flechtheim gab sie heraus, ein Kunsthändler, der in Berlin und Düsseldorf Galerien besaß und in trüben Zeiten mit Bildern gute Geschäfte machte. Flechtheim hatte den Ehrgeiz, seine Zeitschrift mit moderner Literatur attraktiv zu machen. Also druckte der »Querschnitt« Hemingway; seine Gedichte, die besser ungedruckt geblieben wären, aber auch seine ersten Stories, von denen die amerikanischen Zeitschriften noch nichts wissen wollten. Abgerechnet wurde natürlich in Dollar.

»Ich lebe nur noch vom ›Querschnitt‹«, klagte er in maßloser Übertreibung seinen Freunden. »Die Deutschen müssen mich durchfüttern.«

Türkische Musik

Den ersten handfesten Ehekrach gab es bei den Hemingways, als Ernest wieder einmal seine Koffer packen wollte, diesmal um nach Konstantinopel zu fahren. Dort unten am Bosporus bekriegten sich Türken und Griechen, es ging um die letzte türkische Provinz auf europäischem Boden, und der »Toronto Star« wollte Berichte darüber haben. John Bone, der Chefredakteur, kabelte, Hemingway könne diesmal selber entscheiden, ob er fahren wolle; notfalls wäre ein anderer Reporter bereit, den Auftrag zu übernehmen.

Natürlich wollte er fahren, und kein Bitten und Betteln Hadleys konnte ihn davon abhalten. Sie hatte schlicht Angst davor, wieder einmal allein zu bleiben in der großen Stadt, in der sie noch längst nicht zu Hause war. Sein Versuch, sie damit zu trösten, daß sie doch Freunde hätten in Paris, brachte sie in Rage. Welche Freunde er denn meine, wollte sie wissen. Zu wem solle sie denn gehen, wenn sie einmal das Bedürfnis hätte, mit einem Menschen zu reden? Etwa zu Sylvia Beach oder gar zu Gertrude Stein? Wer weiß, vielleicht fände er dann bei seiner Rückkehr eine lesbische Frau vor – ob ihm das recht sei?

Als Hadley merkte, daß alles nichts nützte und er ungerührt weiter um seine Reisepapiere bemüht war, verfiel sie in ein trotziges Schweigen. Kein Wort kam über ihre Lippen, tagelang. Etwas Schlimmeres hätte ihr nicht einfallen können. Jeden Morgen ließ sie stumm seine Wutausbrüche über sich ergehen, wobei sie alles zu hören bekam, was weh tat. Daß sie zu alt für ihn sei, langweilig, spießig, unoriginell; daß sie ihn bei der Arbeit behindere, ein Klotz am Bein in jeder Lebenslage. Endlich flog die Tür zu.

Draußen auf der Straße kraulte er eine Ziege am Bart, die gerade gemolken wurde, wechselte mit dem Hirten ein paar Worte, ging in die »Closerie des Lilas«, bestellte als erster Gast seinen Kaffee mit Croissants, holte sein blaues Notizbuch hervor und spitzte mit seinem Federmesser sorgfältig die Bleistifte. Auf Anhieb flog ihm der erste Satz zu, und dann schrieb sich die Geschichte wie von selbst, so daß er Mühe hatte, mit ihr Schritt zu halten. Wunderbar, wie ihn der Ärger mit Hadley beflügelte. »Mein Alter« wurde bald darauf zur Story des Jahres gekürt; Hemingways erster literarischer Erfolg.

Ein angetrunkener Taxifahrer brachte Ernest am Abend des 25. September 1922 zur Gare de Lyon und warf die »Corona«-Schreibmaschine, das Geburtstagsgeschenk Hadleys, so unsanft aus dem Wagen, daß sie zu Bruch ging. Hadley hatte ihn nicht, wie sonst üblich, zum Bahnhof begleitet, sich auch zu Hause nicht von ihm verabschiedet. Kein Adieu, Tatie.

*

Der Orientexpreß rollte durch die verwahrlosten Vorstädte Konstantinopels. Zwischen schäbigen Häuserblocks blinkte das Marmarameer. Ernest versuchte, mit dem balkanesken Durcheinander, in das er hineinfuhr, einigermaßen zurechtzukommen. Alles, was er bis jetzt darüber gelesen und gehört hatte, klang in seinen Ohren wie türkische Musik.

Die Türken hatten zwar auf der Seite der Mittelmächte den Krieg verloren, machten aber den Siegermächten jetzt die Hölle heiß, und die Griechen bezahlten die Zeche. Franzosen und Engländer spielten die Schiedsrichter und Friedensstifter. Konstantinopel gehörte zu einer neutralen Zone, mit der die freie Schiffahrt durch die Dardanellen sichergestellt werden sollte. Kemal Atatürk, der neue Nationalheld der Türken, haute rücksichtslos dazwischen. Vor kurzem erst hatte er Smyrna (heute Izmir) erobert, wobei Griechen zu Hunderten niedergemetzelt wurden, nun wollte Atatürk auch Konstantinopel befreien.

Hemingway berichtete zuerst über das Nächstliegende, wie immer: »Konstantinopel ist lärmend, heiß, hügelig, schmutzig und schön . . . voll von Uniformen und Gerüchten und von Wanzen, Läusen, Flöhen, Moskitos.« Im Hotel »de Londres« stürzten sich alle Blutsauger des Balkans auf ihn. Nach einer Woche schüttelte ihn der erste Malaria-Anfall, und er wollte schon aufgeben und nach Hause fahren. Da erfuhr er, was sich in Thrazien, am südöstlichen Ende der Balkanhalbinsel, abspielte: Auf Betreiben der Engländer sollte Thrazien den Türken überlassen werden. Das geschlagene griechische Heer floh in panischer Angst vor den Türken gen Westen. Über 250 000 Menschen setzten sich zu einem Elendszug in Bewegung, dem ersten großen Flüchtlingstreck des Jahrhunderts.

Hemingway fuhr nach Adrianopel (heute Edirne) und stellte sich, in Decken gehüllt und fiebernd, auf die Maritza-Brücke: »Der ganze Zug der langsamen, hochrädrigen Rinder- und Büffelkarren und schwankenden Kamelkarawanen, der durchnäßten, fliehenden Bauern bewegte sich westwärts . . . Ich wich den Kamelen aus und ging hinter den Ochsenkarren her, die hoch beladen waren mit Bettzeug, Möbeln, Spiegeln, gefesselten Schweinen, Müttern, die mit ihren Babies unter die Decken gekrochen waren, gefolgt von alten Männern und Weibern, die an den Karren hingen und nur noch die Beine bewegten, die Köpfe hängen lassend, die Augen auf die Straße gerichtet . . . Sie trotteten durch den Regen. Sie verließen ihre Heimat . . .«

John Bone, der Chefredakteur des »Toronto Star« hatte seine Freude an den Berichten seines Korrespondenten. Insgesamt kamen achtzehn an. Was ihn weniger freute war die Entdeckung, daß Hemingways Berichte wortgleich auch von der amerikanischen Nachrichtenagentur »International News Service« (INS) verbreitet wurden. Des Rätsels Lösung war einfach: Hemingway hatte vor seiner Abreise schnell noch mit der INS-Agentur einen Vertrag abgeschlossen, um doppelt kassieren zu können. Ein glatter Betrug, der sein Gewissen aber nicht im geringsten belastete. Journalismus, das war für ihn ein Job zum Geldverdienen, ein Schreibtraining, eine Durchgangsstation auf der weiten Reise zum freien Schriftstellerleben. Ein Großteil von dem, was er als Journalist sah, hörte, erlebte, wurde in seinen Zeitungsberichten ausgespart; das sollte erst später verwendet werden – in Romanen und Stories.

Die leidige INS-Affäre verlief im Sande, wie Ernest erwartet hatte. Bone mochte auf einen Hemingway nicht verzichten, dazu erfreute der sich international eines zu guten Rufes – den Hemingway übrigens gelassen, fast gleichgültig hinnahm. Was ihm fehlte, wonach sein Ehrgeiz fieberte, war ein Buch, endlich ein Buch! Alle seine Pariser Freunde konnten Gedrucktes und Gebundenes vorzeigen. »Ich kam mir vor wie das letzte Mädchen im Häuserblock, das noch nicht geheiratet hat«, erzählte er seinem Biographen A. E. Hotchner.

Eine in Reue und Tränen aufgelöste Hadley empfing ihn an der Gare de Lyon. Sie wollte alles wiedergutmachen, schwor sie, und nie wieder trotzig schweigen. Zur Wiedergutmachung hatte sie gleich Gelegenheit. Malaria und Diarrhöe, entzündete Pusteln von den Wanzenstichen, der ganze Kerl verlaust und verdreckt – da gab es was zu pflegen, wochenlang. Und da vom »Star« für die Arbeit in Konstantinopel ein großzügiger Scheck über vierhundert Dollar eintraf, feierten sie Weihnachten mal wieder in der Schweiz.

Bald danach stellte Hadley fest, daß sie schwanger war.

Kein Pardon für Freunde

Drei Monate verbrachten die Hemingways in Toronto, weil Hadley ihr Kind unbedingt auf amerikanischem Boden zur Welt bringen wollte, und am 10. Oktober 1923 war es soweit. Hadley genas eines gesunden kräftigen Jungen, der mit den Vornamen John Hadley Nicanor bedacht wurde; »Hadley« zu Ehren seiner Mutter und »Nicanor« nach dem berühmten Matador Nicanor Villalta, einem Meister der *estocada,* des tötenden Degenstoßes zwischen die Schulterblätter des Stieres. Aber sie riefen ihr Söhnchen dann doch lieber »Bumby«.

In Toronto wurde Ernest beim »Star« streng in die Pflicht genommen. Die Eskapaden Hemingways gingen dem neuen Boß, einem Mann namens Hindemarsh, schon lange gegen den Strich, und jetzt wollte er dem Reporter-Star die Flügel stutzen. Hemingway wurde mit Terminarbeiten überhäuft und kreuz und quer durchs Land gehetzt.

Als der britische Ex-Premier David Lloyd George zu einem Staatsbesuch nach Kanada anreiste, durfte Hemingway den hohen Gast im Sonderzug von New York nach Toronto begleiten. Es war der Tag, an dem Hadley niederkam. Ernest fuhr vom Bahnhof direkt in die Klinik und nicht zuerst in die Redaktion, was zu einem lauten Krach mit Hindemarsh führte und zu Ernests Entschluß: raus aus dem Journalismus, Schluß mit den Auftragsarbeiten, rein in das Abenteuer eines freien Schriftstellerlebens.

Ende Januar machten sich die Hemingways zum zweiten Mal auf den Weg nach Paris, diesmal zu dritt. In der rue Notre-Dame-des-Champs 113 bezogen sie im zweiten Stock eine Wohnung, die etwas geräumiger und freundlicher war als ihre erste, wenngleich noch weit entfernt von jeglichem Komfort. Im Erdgeschoß betrieb der Hauseigentümer eine Sägemühle, an deren durchdringendes Kreischen sich Bumby nur schwer gewöhnen konnte. Sonst keine Klagen. In der näheren Umgebung befanden sich hübsche Geschäfte und eine Menge Restaurants und Cafés, darunter Ernests Stammlokal »Closerie des Lilas«; der Jardin du Luxembourg, wo Bumby mal schnell an die Luft gebracht werden konnte, war in wenigen Minuten zu erreichen, und von Gertrude Steins Appartement trennten sie nur vier Häuserblocks.

Über Vereinsamung konnten sie sich auch nicht beklagen. Obwohl Ernest als Schriftsteller noch längst keine Attraktion war und außer Talent, Charme und schlechten Manieren wenig aufzuweisen hatte, fand er sich in kürzester Zeit umringt von arrivierten, zumeist älteren Künstlern und Literaten; jeder bemüht, ihn zu fördern, wo es nur ging, jeder bereit, seine Ruppigkeit und seinen umwerfenden Egoismus in Kauf zu nehmen. Sie boten ihm ihre Freundschaft auf Silbertabletts dar, und er bediente sich, solange es ihm schmeckte.

Einem Wiedersehen mit Joyce ging er möglichst aus dem Weg, denn das kostete ihn jedesmal eine anstrengende Nacht. Erst das stundenlange, schwierige Gespräch und dann die unvermeidliche Prügelei mit Wirtshausgästen, die Joyce provozierte und die Ernest abwehren mußte, während der kurzsichtige Ire munter hetzte: »Gib's ihnen, Hem, gib's ihnen . . .«

Ezra Pound – vierzehn Jahre älter –, der literarischen Welt als Wegbereiter einer neuen Lyrik längst ein Begriff, war Ernest von der ersten Begegnung an sehr zugetan. Ezra Pound nahm Hadley ins Gebet: »Versuche nie, Hem zu ändern. Alle Frauen versuchen, ihre Ehemänner zu ändern. Bei ihm wäre das ein fürchterlicher Fehler.« Durch Ezra Pound lernte Ernest den englischen Schriftsteller Ford Madox Ford kennen, der nach Paris gekommen war, um eine literarische Zeitschrift, die »Transatlantic Review«, zu gründen. Das nötige Geld brachte er mit. Pound lobte Ernest über den grünen Klee: »Er ist ein erfahrener Journalist, schreibt sehr schöne Verse und ist der beste Prosastilist der Welt . . . Und Disziplin hat er auch.«

Ford rühmte sich später in seinen Memoiren: »Ich hatte nicht mehr als sechs Wörter von dem jungen Hemingway gelesen, als ich beschloß, alles zu veröffentlichen, was er mir schickte.« Ganz anders das Urteil Hemingways über seinen Gönner. Seine Bücher waren ihm zu schwülstig, sein Händedruck zu schwammig, seine Augen wäßrig, und seine Gestalt glich einem »bekleideten Faß«. Das alles hinderte Ernest nicht, an der Zeitschrift Fords mitzuarbeiten und dafür zu sorgen, daß gleich in der nächsten Nummer »Das Indianerlager« von Ernest Hemingway erschien. Und er stellte sich regelmäßig bei Fords literarischen »Donnerstags-Tees« am Quai d'Anjou ein. Dort wurde er einem »gutangezogenen, dunkelhaarigen jungen Mann« vorgestellt, der »breite Schultern, ein markantes Kinn und das Profil eines Ringers aus dem klassischen Griechenland« hatte: Harold Loeb, Sproß der beiden prominentesten jüdischen Familien in New York – der Loebs und der Guggenheims.

Der sanfte und höfliche, stets um Freundschaft bemühte Loeb bewunderte an Hemingway rundherum alles: seine Begabung, sein Aussehen, seine Energie, seine Liebe zur Kunst, seine Genußsucht beim Essen und Trinken, seinen Mut, seine Boxmanie und, bestimmt nicht zuletzt, seine Ehe mit Hadley. »Nie zuvor habe ich einen Amerikaner kennengelernt, der von Paris so wenig beeinflußt worden ist wie Hemingway«, schrieb Loeb.

Ernest blieb auf Distanz, verschanzte sich hinter einer liebenswürdigen, ziemlich herablassenden Jovialität. Zwar konnte der acht Jahre ältere Harold beim Boxen auch hart zuschlagen – immerhin war er an der Princeton-Universität beim Ringen Jahrgangsbester gewesen –, er spielte auch gut Tennis, jedenfalls viel besser als Ernest, und hatte vor allem nützliche Kontakte zu großen Verlagen – aber er war halt Jude.

Der Antisemitismus war für Hemingway und seine amerikanischen Freunde – mit Ezra Pound an der Spitze – so selbstverständlich, daß er als solcher kaum noch registriert wurde. Überhaupt kein Thema. Loeb und der literarische Agent Fleischmann und einige andere, das waren »Itzigs«, also etwas nicht ganz Gesellschaftsfähiges, doch sie durften trotzdem nette, nützliche Menschen sein. Merkwürdigerweise richtete sich der Antisemitismus dieser Kreise fast ausschließlich gegen Männer. Gertrude Stein zum Beispiel hatte nie Probleme mit ihrer jüdischen Abstammung. Sie konnte es sich auch leisten, lesbisch zu sein.

Harold Loeb war damals mit Kitty Cannel liiert, einer ehemaligen Berufstänzerin von graziler Schönheit wie kostbares Sèvres-Porzellan, »ganz rosa und weiß und golden«, schwärmte Hadley. Sie schloß Kitty sofort in ihr Herz. Denn an dieser jungen Frau war nicht nur Schönheit zu bewundern; ihre freie Denkungsart, ihr gescheites, unabhängiges Urteil über Männer versetzten Hadley noch mehr in Erstaunen.

Kitty hatte Ernest vom ersten Augenblick an durchschaut, und sie warnte Harold Loeb eindringlich, wenn auch vergeblich, vor ihm, und sie nahm Hadley richtig übel, daß sie sich ihrem Mann so rückhaltlos auslieferte, daß sie alles gab, ohne das geringste für sich zu beanspruchen – angefangen von der Garderobe bis hin zur minimalsten Wohnkultur.

Ernest sah diese Frauenfreundschaft nicht gern. Er war sensibel genug, um Kittys aufsässigen Widerstand zu spüren. Außerdem hielt sie mit ihren Ansichten nicht hinter dem Berg. Als sie eines Tages ihre Freundin mit einem hübschen Modeschmuck überraschte, und Ernest mit wütendem Geschimpfe auf alle Reichen und »Itzigs« Hadley zwang, das Geschenk zurückzugeben, reagierte Kitty darauf mit dem bemerkenswerten Ausspruch: »Hemingway haßt die Frauen.«

Das war in der Zeit, zu der die Hemingways tatsächlich finanzielle Probleme hatten. Mehr als je zuvor gefiel er sich vor seinen Freunden in der Rolle des armen Poeten, der bereit war, lieber zu verhungern, als seine künstlerischen Ansprüche einen Fingerbreit zurückzustecken. Hemingways tiefe Verachtung für Kitsch oder Unexaktheit machte ihm das Leben wirklich schwer.

Die finanzielle Misere, die er laut beklagte, rührte von einer unglücklichen Transaktion her, durch die Hadleys Vermögen auf die Hälfte zusammengeschrumpft war. Ihr Vermögensverwalter hatte die Spekulation empfohlen, und sie, ahnungslos und gutgläubig, hatte mit ihrer Unterschrift das Mißgeschick besiegelt. Na, da war was los. Er müßte jetzt als Boxer seine Familie ernähren, erklärte er und ging in eine nahe gelegene Turnhalle, wo er sich trainierenden Profis als Sparringspartner anbot. Zwanzig Franc pro Runde, bis der Schädel brummte. Oder aber er fing für den Sonntagsbraten Tauben im Jardin du Luxembourg, machte ihnen mit geübtem Jägergriff den Garaus und steckte die toten Vögel zu Bumby in den (geliehenen) Kinderwagen (A. E. Hotchner: »Papa Hemingway«).

Wen wundert's, daß der junge, von großen Verlagen unentdeckte Schriftsteller finster in die Zukunft blickte.

Doch da gab's ja noch den Harold Loeb, und der war gerade dabei, mit dem Liveright-Verlag in New York einen Vertrag über sein neues Buch auszuhandeln. Viel bedeutender sei, so Loeb wörtlich, der junge Ernest Hemingway, den Liveright als den größten Nachwuchsschriftsteller Amerikas herausbringen könnte.

Eine zweite, sehr wirksame Schützenhilfe kam aus Chicago. Sherwood Anderson, Bestsellerautor bei Liveright, der väterliche Freund sowohl Ernests als auch Hadleys, sprach von einer »gewaltigen Begabung«. Das genügte den Leuten bei Liveright, sie griffen zu. »In unserer Zeit« sollte das erste Buch Hemingways heißen und fünf Stories beinhalten, darunter die meisterhafte Erzählung »Mein Alter«, in der in nuce der ganze Hemingway zu erkennen ist.

Das Telegramm erhielten die Hemingways in Schruns, während eines Skiurlaubs, wozu Hadleys Zinsen allemal ausreichten: »Liveright macht ›In unserer Zeit‹ – stop – Vertrag unterwegs – stop – Gruß Harold.«

Schruns war damals ein verträumtes Dorf im österreichischen Vorarlberg. Die Hemingways hatten in dem alten Gasthaus »Traube« ein urgemütliches Quartier gefunden und zahlten pro Woche zwei Millionen Kronen, das waren umgerechnet 28,50 Dollar. Da sie ihre Pariser Wohnung weitervermietet hatten, konnten sie hier nahezu umsonst überwintern. Wirt und Wirtin der »Traube« waren nette Leute, alle Schrunser waren nette Leute, sagten jedem Fremden »Grüß Gott«, und Ernest konnte überhaupt nicht begreifen, weshalb er vor sieben Jahren gegen die netten Österreicher in den Krieg gezogen war.

Bei diesem Urlaub in Schruns hatte sich der Schriftsteller John Dos Passos den Hemingways angeschlossen. Die beiden Männer hatten sich während des Krieges in Norditalien flüchtig kennengelernt, aber in Paris, »als Hem und Hadley über der Sägemühle wohnten, begann jeder von uns im Leben des anderen eine Rolle zu spielen« (John Dos Passos).

Dos Passos war ein unruhiger Geist. Er reiste viel, war eigentlich ständig unterwegs und nirgends zu Hause. Westeuropa kannte er wie seine Westentasche; dazu kamen Nordafrika, Mittelamerika und der Vordere Orient. Nach diesem Skiurlaub in Schruns wollte er drei Monate durch die Sowjetunion reisen. Trotz seines unsteten Lebens hatte er es als Schriftsteller zu Ruhm und Ansehen gebracht. Seine großen Romane »Drei Soldaten« und »Manhattan Transfer« wurden auch in Europa viel gelesen und hatten literarisch einen großen Einfluß; Sartre und Döblin wußten ihn zu schätzen. In Paris gönnte er sich nach jeder Reise eine längere Verschnaufpause, besuchte dabei natürlich auch Gertrude Stein und kam somit nicht an Hemingway vorbei. Sie trafen sich häufig in der »Closerie des Lilas«, tranken ihren Vermouth Cassis, unterhielten sich darüber, wie schwierig es sei, etwas zu Papier zu bringen, lasen sich ausgewählte Kapitel aus dem Alten Testament vor, das beide unabhängig voneinander durchgeackert hatten, schlenderten durch das Fünf-Uhr-Gedränge zur Sägemühle und halfen Hadley, Bumby zu baden. Anschließend gingen sie essen oder gleich ins Velo d'Hiver zum Sechstagerennen.

**Skiurlaub im Vorarlberg. John Dos Passos
(rechts neben Hadley), als Schriftsteller bereits berühmt,
zählte zu den engsten Freunden Hemingways**

Im Sommer ließen sich die Hemingways und Dos Passos von dem »goldenen Paar« Gerald und Sara Murphy an die Riviera nach Cap d'Antibes in ihre »Villa Americana« einladen. »Die Murphys waren reich. Sie waren schön. Sie kleideten sich hochelegant. Sie verstanden etwas von Kunst. Sie waren hervorragende Gastgeber. Sie hatten reizende Kinder. Sie hatten die oberste Stufe erreicht. Sie waren das personifizierte Glück« (Dos Passos).

Nicht weit davon, in Saint-Raphael, hatte sich ein ganz anderes Paar eingenistet: Zelda und Scott Fitzgerald. Zwei Prachtexemplare der »verlorenen Generation«. Hoch begabt, unberechenbar, exzentrisch, ständig im Rausch. Ihre burlesken Ausschweifungen wurden von der gesamten Künstlerkolonie belacht, bewundert, gefürchtet. Die Fitzgeralds hingen zusammen wie Pech und Schwefel, und sie zerfleischten sich mit ihrer Eifersucht. Sie war auf seine Arbeit ebenso eifersüchtig wie er auf jeden Männerblick, der in ihren Ausschnitt fiel. Sein Roman »Der große Gatsby« hatte bei Scribner's – damals wohl der angesehenste Verlag Amerikas – eine Riesenauflage erreicht, und die Presse feierte überschwenglich das literarische Ereignis. Aber sein nächstes Buch »Zärtlich ist die Nacht« hatte wenig Chancen, jemals fertig zu werden, denn jedes Mal, wenn er sich mit ausgelüftetem Kopf an die Arbeit machen wollte, trieb ihn Zelda in ein närrisches Zechgelage, das ihn für Tage außer Gefecht setzte.

Hadley war liebend gerne bei den Murphys. Sie genoß es, wenigstens einmal im Jahr bemuttert und verwöhnt zu werden. Ernest hingegen hielt es nie länger als vierzehn Tage an der Riviera aus. Er konnte hier nicht arbeiten. Das Glück der Murphys war ihm zu perfekt, und die großen Partys, die hier gefeiert wurden, gingen ihm auf die Nerven. Da lag ihm Fitzgerald viel mehr – wenn nur Zelda nicht gewesen wäre, die er richtig haßte. »Ein verrücktes Weib, das einen Schriftsteller nicht an seine Arbeit läßt.« Er war überzeugt davon, daß Zelda es darauf abgesehen hatte, ihren Scott kaputtzumachen.

»Fiesta«

Im Sommer zog es Ernest unwiderstehlich nach Spanien. »Was mich und Hem einander nahegebracht hatte, war unsere Begeisterung für alles Spanische«, schrieb Dos Passos. »Er widmete sich seinen jeweiligen Interessen mit ungewöhnlicher Hingabe. Ob es das Sechstagerennen war oder das Skifahren oder der Forellenfang oder der Stierkampf, er ließ nicht locker, bis er alles ausgekostet hatte. Wie ein Blutegel sog er sich fest, bis er sich jeden Aspekt einverleibt hatte. Er hängte sich an die Fachleute und sättigte sich so mit Wissen, bis er fast platzte. Ich bin nie wieder einem Menschen von einer derart verbissenen Hartnäckigkeit begegnet. Die besten Arbeiten Hemingways sind dieser Eigenschaft zu verdanken.«

Ernests Begeisterung galt jetzt dem Stierkampf. Er folgte den großen Matadoren von einer Arena zur andern, von Madrid, »der Hauptstadt der Welt«, bis hinunter nach Ronda, Cordoba, Sevilla. Er zwängte sich mit seiner Hadley in überfüllte Busse und Eisenbahnen, immer auf die billigsten Plätze, die Sprache des Landes flog ihm zu, er aß mit den Bauern deren steinharte Wurst, trank ihren Wein und schwärmte mit ihnen über die Halbgötter unter den Matadoren, über Juan Belmonte und Rudolf Gaona, über Joselito, El Gallo und Villalta, und da fehlte nicht viel und seine Zuhörer im stickigen Abteil hätten »Papa« zu ihm gesagt. »Ich habe in meinem Leben viele bedeutende Arschlöcher kennengelernt, aber nie verlernt, wie man mit Menschen umgeht« (Hemingway).

Hemingway hatte mit seiner Begeisterung ein gutes Dutzend seiner Freunde zu der »Fiesta von San Fermin« nach Pamplona gelockt, in das abgelegene Städtchen am Südhang der Pyrenäen. Die Schriftsteller Dos Passos und McAlmon und der Maler Murphy mit seiner Frau Sara waren dabei und natürlich Harold Loeb. Der hatte auch noch

In den Stierkampf-Arenen Spaniens war für
Hemingway (weißer Hut) immer Platz in den ersten Reihen.
Hunderte von Stieren wurden vor seinen Augen getötet

Duff mitgebracht, eine »femme fatale«, wie man wußte. Von Kitty hatte sich Loeb getrennt, als die Lady Duff Twysden aus England kommend in Paris aufgetaucht war und dort in der amerikanischen Schriftstellerclique ganz schön Furore machte. Keiner gönnte diese ungemein lebenshungrige Frau dem Loeb, am wenigsten Ernest.

Mit einem prächtigen Feuerwerk brach am 6. Juli die »Fiesta« aus. Auf jedem Platz drängten sich tanzende Männer mit blauen Baskenmützen und roten Halstüchern, in allen Gassen dröhnten die Riau-Riau-Rhythmen aus Pfeifen und Trommeln; am frühen Morgen galoppierten die Stiere durch die Straßen in die Arena und trieben eine Schar junger Männer vor sich her, darunter Ernest und Harold, und anschließend durfte jeder bei einer Amateur-Corrida in der Arena seinen Mannesmut vor den Stieren beweisen – Jungstieren mit abgeschliffenen Hörnern, aber für Rippenbrüche und böse Fleischwunden reichten sie allemal aus. Ernest, der *aficionado*, überragte in der Arena alle anderen um Haupteslänge. »Ho – ho – torro«, brüllte er in Reichweite der schutzbietenden *barrera*. Und was machte Harold Loeb, der »Itzig«? Der hängte sich an die Hörner eines Stieres, hob die Beine in die Waagerechte wie ein Turner und ließ sich von dem verblüfften Tier im Galopp quer durch die Arena tragen. Brüllender Beifall von den Rängen für diese einmalige Nummer. Hadley und Sara und Duff klatschten und winkten Loeb immer noch begeistert zu, als sich Ernest wortkarg zu ihnen setzte.

Bald wird er es dem Loeb heimzahlen, auf seine Art. »Fiesta« heißt der Roman, der in Hemingways Gehirn mit dem Elefanten-Gedächtnis allmählich Gestalt annimmt. Der Jude Robert Cohn wird zu einer unglückseligen Figur, zu einem lächerlichen Verliebten, dem die Lady Brett – niemand anders als Duff – auf der »in Princeton plattgequetschten Nase« herumtanzt. »Cohn hat die fabelhafte Gabe, in jedem die schlechteste Eigenschaft zu entfesseln.« Er wird von einem »Freund« angepöbelt: »Sag mal, Cohn, warum läufst du wirklich Brett wie ein armer idiotischer

83

Ochse nach? Merkst du denn nicht, daß du unerwünscht bist?«

In Pamplona kam es wegen Duff tatsächlich zu einem flegelhaften Streit zwischen Harold und Ernest. Nur, zum Unterschied von der Romanfigur Cohn, merkte Harold Loeb sehr wohl, daß er unerwünscht war, und reiste ab.

Duff blieb, und die Fiesta ging weiter, acht Tage und Nächte lang. Fünf der bedeutendsten Matadore Spaniens wurden auf die Hörner genommen, einem Dutzend Pferden unter den *picadores* die Gedärme aus dem Leib gerissen. Sara Murphy wurde grün im Gesicht schon beim ersten Mal und weigerte sich, dem widerlichen Schauspiel ein zweites Mal beizuwohnen. Vergeblich versuchte Ernest, sie umzustimmen. Hadley kannte das alles zur Genüge, sie ließ eine *corrida* nach der anderen über sich ergehen, um ihrem »Tatie« den Spaß nicht zu verderben, und strickte während der endlos langen Prozedur an einem Jäckchen für Bumby.

Aber der begierigen Duff konnte Ernest, nunmehr ungestört von Loeb, die Augen öffnen für die todesmutige Eleganz, mit der die *veronica* von dem Matador ausgeführt wird, für das strenge Ritual dieses Tanzes auf Leben und Tod und für den dramatischen Schlußakt, wenn der Stier, mit dem Stahl im Herzen, für Sekunden zu einem Denkmal der Urgewalt versteinert, erstaunt auf das Menschlein dicht vor seinen Nüstern starrt und dann ergeben in die Knie bricht.

Mehr als eine Einführung in die Mysterien des Stierkampfes kann oder will Ernest der entgegenkommenden Lady Duff nicht bieten. Für Seitensprünge, für schnelle Abenteuer ist er nicht geschaffen. In seinem Roman »Fiesta« schwelt die Glut der Leidenschaft, die Jake Barnes und Brett Ashley erfaßt hat, durch einhundertfünfundachtzig Seiten, möchte lodern, kann aber nicht, und erlischt schließlich unbefriedigt. Das Paar ist von Anfang an zu Verzicht und Resignation verurteilt. Jake, im Krieg schwer verwundet, ist impotent.

Die fromme Pauline

Mit der zweiten Frau kamen
Ruhm und Reichtum ins Haus. Hemingways Bücher
wurden Welterfolge, das extravagante, abenteuerliche Leben nahm seinen Lauf

»Jesus, ist das ein herrliches Land«, jubelte Ernest,
als er die Insel Key West sah. Pauline (rechts) kaufte eine
Villa, die stolzen Eltern kamen zu Besuch

Auf der »Pilar« verlebte Ernest die glücklichsten
Stunden seines Lebens. Die hochseetüchtige Jacht war mit
dem modernsten Angelgerät ausgerüstet

Von seiner ersten Safari in Ostafrika (1933) brachte
Ernest außer Jagdtrophäen zwei Meisternovellen mit: »Schnee
auf dem Kilimandscharo« und »Macomber«

P auline Pfeiffer aus St. Louis war eine strenggläubige Katholikin. Ihr deutschstämmiger Vater Paul Pfeiffer hatte es mit Glück und Mut zum Risiko zu einem großen Vermögen gebracht. Als er eines Tages von St. Louis nach Kalifornien fuhr, blieb der Zug mit einer Panne auf freier Strecke liegen. Felder, nichts als Felder, so weit das Auge reichte, und noch weiter. Paul Pfeiffer rechnete kurz, kaufte schnell, baute Baumwolle an und wurde Millionär – wie sein Bruder Gus (Gustav) Pfeiffer, dessen pharmazeutische Betriebe in den Staaten eine führende Rolle spielten.

Onkel Gus kannte die Familien Loeb und Guggenheim in New York, wußte, daß der junge Loeb sich in Paris herumtrieb, und als seine Nichten Pauline und Virginia – eine hübscher und schicker und intelligenter als die andere – den Entschluß faßten, nach Europa zu fahren, empfahl er den Mädchen, drüben mit dem Harold Kontakt aufzunehmen. Pauline hatte außerdem einen Beruf. Sie war Journalistin und sollte für die Zeitschrift »Vogue« über die Pariser Mode berichten.

Harold Loeb führte die Schwestern Pfeiffer seinen Freunden bei einer Party vor, die der gutmütige, jede Kränkung schnell vergessende zu Ehren Ernest Hemingways nach dem Pamplona-Sommer gab. »In unserer Zeit«, das erste Buch des bewunderten Freundes, war erschienen, die ersten Exemplare – von insgesamt 1500! – konnten angefaßt werden. Trotz der Mini-Auflage hatten sich die Leute vom Liveright-Verlag um eine hübsche Ausstattung bemüht. Kurze Lobeshymnen, verfaßt von John Dos Passos und Sherwood Anderson, schmückten den Schutzumschlag. Gute Kritiken waren auch schon zu lesen, selbst in der »New York Times«. Aber in einer Literaturzeitschrift hieß es, der Stil des jungen Schriftstellers Hemingway sei dem alten Meister Sherwood Anderson mehr als nachempfunden; auch seien bei mehreren Erzählungen inhaltliche Ähnlichkeiten festzustellen. Die fröhliche Premieren-Fete endete mit Wut und Ärger. Irgendeiner mußte Ernest immer in die Suppe spucken.

Zu Hause wurde die Streitaxt ausgegraben. Jetzt sollte plötzlich Sherwood Anderson, dem die ärgerliche Kritik wahrhaftig nicht anzulasten war, eins aufs Haupt kriegen. Warum ausgerechnet Anderson? Vielleicht, weil der alte Meister gerade eine wunderbare Angriffsfläche bot. Bei Liveright war vor kurzem sein jüngstes Buch erschienen: »Dunkles Lachen«. Ein mißglücktes Buch.

Innerhalb einer Woche hämmert Ernest auf seiner »Corona«-Schreibmaschine eine Parodie aufs »Dunkle Lachen« herunter, die Anderson tief verletzen muß. »Sturmfluten des Frühlings« nennt er die seiner Meinung nach sehr lustige Satire.

Hadley ist verzweifelt und bittet ihren Tatie inständig, das Manuskript nicht abzuschicken. Dos Passos rät dringend von einer Veröffentlichung ab; er ist leicht angewidert. Gertrude Stein findet die »Sturmfluten« literarisch zwar ganz hübsch, aber das könne man einem Anderson nicht antun. Das sei unanständig. Harold Loeb sagt gar nichts. Als ihm Ernest obendrein auch noch vorwirft, er, Loeb, habe für ihn bei Liveright einen miserablen Vertrag ausgehandelt, der ihn auch für die nächsten drei Bücher an den Verlag binde, packt er seine Koffer und fährt nach Hause. Jetzt hat Harold die »in Princeton plattgequetschte Nase« endgültig voll von den Amerikanern in Paris.

Nur Scott Fitzgerald und Pauline Pfeiffer lachen sich halb tot über die »Sturmfluten des Frühlings«. Scott, der inzwischen an Ernest einen Narren gefressen hat, ausnahmslos alle Erzählungen für Meisterwerke hält und mit seiner rückhaltlosen Bewunderung sozusagen in Loebs Fußstapfen tritt, bestürmt seinen Verlag, Hemingway zu übernehmen. Fitzgeralds Bücher erscheinen bei Scribner's, ohne Zweifel ein größerer und großzügigerer Verlag als Liveright, der die »Sturmfluten« natürlich nicht drucken kann – mit Rücksicht auf Anderson. Also mußte Hemingway freigegeben werden. Das also steckte dahinter, ein ziemlich hinterhältiger Trick. Hemingway haut seinen alten Freund und Gönner in die Pfanne, um frei zu sein von Liveright für einen neuen Vertrag mit Scribner's. Der bringt die »Sturmfluten« prompt heraus und zahlt einen ansehnlichen Vorschuß für »Fiesta«. Darüber ist es Winter geworden. Wann geht der nächste Zug nach Schruns? Pauline hat sich bereits eine Skiausrüstung besorgt.

Pauline tat das einzig Richtige und Mögliche, um sich bei Hemingways einzunisten: Sie hängte sich an Hadley. Gleich nach der Party bei Loeb, bei der sie sich kennengelernt hatten, machte Pauline einen Besuch bei Hadley in der Wohnung über der Sägemühle und wurde herzlich empfangen. Beide Frauen stammten aus St. Louis, hatten dieselbe Schule besucht und waren sich dort wahrscheinlich nur deshalb nicht begegnet, weil Pauline vier Jahre jünger war als Hadley – aber immer noch vier Jahre älter als Ernest. Sie war jetzt genau dreißig.

Bei gemeinsamem Bummeln durch Paris kamen sich die Frauen näher. Hadley kannte Künstlercafés und Kneipen, Museen und Galerien, Pauline gab Einkaufstips und nahm die Freundin auch mal mit zu einer Modenschau der Haute Couture, zu der sie als »Vogue«-Korrespondentin Zutritt hatte. Manchmal gelang es ihr, Hadley zum Kauf eines modischen Kleides zu überreden. Doch das konnte nicht darüber hinwegtäuschen, daß sie nach Bumbys Geburt das Abspecken versäumt hatte und dadurch etwas matronenhaft wirkte.

Bald war man sich einig, daß Pauline die Familie nach Schruns begleiten sollte. Ernest hatte absolut nichts dagegen. Zwar wäre ihm die Gesellschaft von Paulines Schwester Virginia lieber gewesen, denn die gefiel ihm sehr, bis sich herausstellte, daß Ginny, so nannte man sie, eine Liaison mit einer molligen Pariserin vorzog. Die also auch.

Es war die reinste Harmonie in Schruns: Das Gasthaus »Traube« gemütlich wie immer, die Forellen frisch, das

Kirschwasser heiß, der Schnee anderthalb Meter hoch, und die Schrunser begrüßten ihre Amerikaner mit freundlichem »Grüß Gott«. Vormittags, wenn Ernest unerbittlich an seinem »Fiesta«-Roman arbeitete, beschäftigten sich die Frauen mit Bumby, und Pauline überspielte ihren Horror vor lauten kleinen Kindern mit Bravour.

Die Nachmittage waren ausgedehnten Spaziergängen vorbehalten, die Pauline und Ernest unternahmen, mal mit, mal ohne Skier. Das hatte sich schon nach ein paar Tagen so eingespielt. Die beiden gingen los, Hadley sah ihnen ein Weilchen nach, mit Bumby auf dem Arm, denn irgend jemand mußte ja bei dem Kind bleiben. An den Abenden kam es häufig vor, daß Ernest den Frauen ein neues Kapitel aus »Fiesta« vorlas, was Hadley sehr erstaunte, denn so etwas hatte er noch nie getan.

Nach Weihnachten fuhr Pauline nach Paris zurück. Sie sorgte aber dafür, daß sie in Schruns nicht vergessen wurde. Fast täglich schrieb sie ein Briefchen – an Hadley. »O meiner Seele, ich wünscht', ich wär' in Schruns. Ich vermisse Euch zwei Leute . . .«

Ernest mußte nach New York und ließ Hadley mit Bumby in Schruns zurück. Das war kein Vorwand. Der Vertrag mit Scribner's mußte unter Dach und Fach gebracht werden. Dabei lernte er den Cheflektor des Verlags kennen: Maxwell Perkins, der für den Rest seines Lebens zum aufopfernden literarischen Betreuer Hemingways wurde. Gerne wäre Ernest einige Wochen in New York geblieben, die Männergesellschaft erfrischte ihn wie eine kalte Dusche. Max Perkins brachte ihn mit den Koryphäen seines Verlages zusammen, die Liveright-Leute gaben ihm ein Abschiedsessen bis tief in die Nacht hinein, und keiner verlor ein böses Wort über die »Sturmfluten«; auch Harold Loeb ließ sich breitschlagen und kam zu einem Treff, selbst Sherwood Anderson schien zu einer Versöhnung bereit zu sein. So war's immer. Hemingway schlug blindlings um sich, kränkte, beleidigte, herging seine Freunde – und nach ein paar Wochen hatten die alles vergessen.

Maxwell Perkins, ein Lektor, wie ihn sich alle Schriftsteller erträumen. Er stand Hemingway Tag und Nacht zur Verfügung – auch in privaten Nöten

Aber er mußte leider zurück nach Europa. Hadley wartete in Schruns, Pauline in Paris. Sie fiel ihm an der Gare du Nord um den Hals und führte ihn in ihre geschmackvoll eingerichtete Wohnung in der rue Picot.

Der Ehebruch – wenn's denn dazu gekommen ist – wird den beiden nicht leichtgefallen sein. Ernest hatte schon häufig bewiesen, daß er den Schürzenjäger lieber mimte als praktizierte, und Pauline, die Katholikin, mußte die Hemmschwelle einer zwiefachen Sünde überwinden: Hingabe ohne kirchlichen Segen – und das mit einem verheirateten Mann. Der Betrug an der Freundin Hadley, zwar raffiniert eingefädelt, doch stets von Gewissensbissen begleitet, wird der Dreißigjährigen ihr erstes Betterlebnis auch nicht versüßt haben.

Ernest hat später ziemlich genau beschrieben, wie einem zumute ist, wenn »eine unverheiratete Frau die beste Freundin einer verheirateten jungen Frau wird und mit dem Mann und der Frau zusammenlebt und sich dann erbarmungslos anschickt, den Mann zu heiraten . . . Der Ehemann hat zwei anziehende weibliche Wesen um sich. Eine ist neu und fremd, und wenn er Pech hat, liebt er plötzlich beide. Zuerst ist es anregend und macht Spaß, und es geht eine Weile gut. Alles wirklich Böse beginnt in Unschuld. So lebt man Tag für Tag und genießt, was man hat, und macht sich keine Gedanken. Man lügt und haßt es, und es zerstört einen, und von Tag zu Tag wird es gefährlicher, aber man lebt von einem Tag zum andern wie im Krieg.«

Diese Ehe zu dritt quälte sich noch über Monate dahin. Endlich, im Herbst, kam es zu der klärenden Aussprache zwischen den Eheleuten. Ernest gestand, daß er Pauline liebe und heiraten wolle. Im gleichen Atemzug schob er Hadley die Schuld am Desaster zu; sie hätte ihr Mißtrauen unterdrücken müssen, die entscheidende Frage nicht ansprechen dürfen – jetzt erst wäre zwischen ihnen alles aus und vorbei. Hadley machte dann noch einen naiven, höchst untauglichen Versuch, ihre Ehe zu retten. Sie setzte einen

Vertrag auf, in dem sich Ernest und Pauline verpflichteten, in eine Trennung von hundert Tagen einzuwilligen. Wenn sie danach noch auf einer Heirat bestünden, wäre sie, Hadley, sofort mit der Scheidung einverstanden.

In der Zeit zwischen den beiden Ehen zerfloß Ernest vor Selbstmitleid. Er fühlte sich von aller Welt verlassen und verraten. Seine Freunde waren entsetzt über die Trennung von Hadley, und auf die Frage, warum in drei Teufels Namen das geschehen mußte, antwortete er: »Weil ich ein Schuft bin.« Wut und Liebe, Aggressionen und Depression – diese Mixtur hat für ihn immer den besten Treibstoff ergeben.

Wie ein Berserker stürzte er sich auf seine Arbeit. »Männer ohne Frauen« sollte der nächste Sammelband heißen, für den er noch drei oder vier Geschichten schreiben mußte. Harte Geschichten von angeschlagenen Männern, die, vom Schicksal gebeutelt, ihr Seelenheil gewiß nicht unter Weiberröcken suchen. Gottverdammt allein mit allem und allen fertig werden oder zugrunde gehen – das ist Leben, so wie Hemingway es versteht.

Maxwell Perkins von Scribner's wartete schon auf das Manuskript. Außerdem schickte er die Druckfahnen von »Fiesta« nach Paris. Ernest gab sie Scott Fitzgerald zu lesen, der den Roman in einer einzigen, offenbar nüchternen und von Zelda ungestörten Nacht verschlang. Er empfahl Streichungen und Änderungen am Anfang des Romans, und Ernest war seinem Scotty dankbar für die Ratschläge. Ernest seinerseits brachte den Freund dazu, daß er endlich mit seinem »Zärtlich ist die Nacht« zu einem Ende kam. Ein besseres Gespann hätte sich Perkins nicht wünschen können.

Am 27. Januar 1927 wurde die Scheidung ausgesprochen. »Fiesta« erschien auf dem Buchmarkt mit der Widmung: »Hadley und John Hadley Nicanor zugeeignet«. Ein großer Erfolg bahnte sich an. Hemingway bat seinen Verleger, alle Einkünfte aus den amerikanischen und englischen Ausgaben von »Fiesta« auf Hadleys Konto zu überweisen.

Mit Pauline am Strand. Am 10. Mai 1927
haben sie geheiratet. Ihretwegen ist Ernest
sogar Katholik geworden

Die Trauung mit Pauline fand am 10. Mai in der katholischen Kirche St. Honoré d'Eylau an der place Victor Hugo statt. Ernest war es kurz zuvor gelungen, in Oberitalien den Dominikaner-Pater Don Giuseppe Bianchi aufzutreiben, der ihm die letzte Ölung gegeben hatte, als er 1918 schwerverwundet im Piavetal lag. Das genügte zu Paulines großer Freude, um aus Ernest einen Katholiken zu machen.

Nun durfte er legal in Paulines schmucke Wohnung in der rue Picot einziehen. Aber Paris, so schien es, hatte sich mit einem Schlag total verändert. Er mußte jetzt nicht mehr als Boxer eine kleine Familie ernähren oder verstohlen im Jardin du Luxembourg Tauben den Hals umdrehen; er radelte nicht mehr, tief über den Lenker gebeugt, in Rennfahrer-Trikot über die Boulevards, und Pauline rümpfte die Nase beim »bal musette«. Außerdem widerfuhr ihm in letzter Zeit ein Mißgeschick nach dem anderen, von denen jedes sehr lästig war. Gerade hatte er eine schwere Grippe, Hämorrhoiden und Zahnschmerzen überstanden, da passierte der Unfall im Klo mit dem Oberlichtfenster, das ihm den Kopf einschlug. »Wie zum höllenschwefligen Kater hast Du dich so angesoffen, um aufwärts durch ein Oberlicht zu fallen«, kabelte Ezra Pound erstaunt aus Rapallo. Und Perkins in New York, aufgeschreckt von einer Agenturnachricht – so berühmt war Hemingway immerhin schon –, bat um einen Sonderbericht. Kurz gesagt, Ernest hatte nachts um zwei statt der Klospülung an der Strippe des Oberlichts gezogen, so kräftig, daß der ganze morsche Kram auf seinen Schädel krachte. Er blutete wie ein Stier, wurde halb im Delirium im American Hospital in Neuilly genäht, bekam Schwindelanfälle, mußte das Bett hüten und durfte den reizenden Beileidsbrief von Hadley lesen, die seit der Scheidung in Kalifornien lebte: »Du armes, altes, liebes Haus! Was für ein blödes, blödes Pech, das einem wirklich so schönen Stück wie Dir passieren muß! Ich nehme an, Ihr seid beide ein wenig darüber enttäuscht, wie das Leben eine verdammte Sache nach der anderen bringt.« Die dunkelviolette Narbe auf der Stirn blieb ihm fürs ganze Leben erhalten.

Pauline und Ernest Hemingway packten die Koffer, buchten auf der »Pennland« eine Luxuskabine und reisten zum ersten Mal gemeinsam nach Amerika. »Das war das Ende meiner ersten Pariser Zeit, Paris sollte nie wieder dasselbe sein . . . Es war ein guter Platz, um da jung zu sein.«

Key West – ein Paradies?

Früher einmal ist Key West eine Pirateninsel gewesen. Dann wurde für die Walfänger ein Hafen angelegt. Abgemusterte Matrosen siedelten sich an, wurden Fischer und bauten weiße Häuser. Zigarrenfabriken lockten aus dem nahe gelegenen Kuba dunkelhäutige Arbeiter und Arbeiterinnen an. Eine US-Marine-Basis sorgte für viele kleine Mischlinge, bevor sie wieder stillgelegt wurde. Die reicheren Leute wohnten in einstöckigen Häusern mit zierlichen spanischen Balkonen davor. Tropische Gärten verströmten modrige Süße in die feucht-heiße Luft. In der lauten Duval-Street gab es spanische Restaurants und Bars und Bordelle. »Sloppy Joe's« Bar war drauf und dran, ziemlich berühmt zu werden. Der riesige Neger, der schwarz und stolz wie ein Häuptling aus Zentralafrika hinter dem Tresen stand, hieß Skinner. Und draußen am weiten Strand raschelten Kokospalmen im sanften Passatwind, der keine Kühlung brachte. Pelikane flatterten in langen Reihen vom Wasser auf, Fregattvögel schwebten am Himmel, Tölpel saßen auf den Bojen, Seebarben tanzten in den milchigen Untiefen, die Skelette von drei gestrandeten Schiffen erinnerten an Hurrikane.

»Jesus, ist das ein herrliches Land«, kabelte Ernest nach Paris. »Vive l'America!«

Freund Dos Passos war der Adressat. Er, der Weitgereiste, hatte Pauline und Ernest schwärmerisch auf Key West an der Südspitze Floridas aufmerksam gemacht, dabei aber vergessen, die Bruthitze und Moskitowolken zu erwähnen. Pauline litt sehr darunter, hielt aber klaglos durch. Sie war jetzt im sechsten Monat schwanger, und das machte ihr schwer zu schaffen. Die kleine, zierliche Figur schien nicht zum Kinderkriegen gebaut zu sein.

Ernest ging mit seinem Roman schwanger und wühlte in Erinnerungen an Agnes, an das Piavetal, an explodierende

Mit Bumby auf Key West. Ernest brachte seinen drei
Söhnen – Bumby, Patrick, Gregory – das Fischen und Jagen
bei, so wie er es von seinem Vater gelernt hatte

Granaten. Wenn's ihm zu arg wurde mit der Hitze, tauchte er bei »Sloppy Joe's« unter und ließ sich von Skinner eisgekühlte Daiquiris über den Tresen schieben.

»Krieg ist das beste Thema überhaupt«, schrieb er an Fitzgerald. »Er bietet ein Maximum an Stoff, kombiniert mit einem Maximum an Handlung. Alles läuft beschleunigt ab. Im Krieg sammelt der Schriftsteller so viel Erfahrungen, wie sie normalerweise erst ein ganzes Leben bringt.« Er will also über den Krieg schreiben, aber es wird mehr und mehr eine Liebesgeschichte daraus, seine schönste, seine romantischste. Aus der Erinnerung an Agnes von Kurowsky, der Krankenschwester im »Ospedale Croce Rosso Americana«, erwächst Catherine Barkley, auch sie eine Krankenschwester in Norditalien, die den verwundeten Amerikaner Henry gesundpflegt und liebt. Mit der schwangeren Geliebten versucht Henry dem Krieg zu entfliehen. In einer stürmischen Novembernacht rudern sie über den Lago Maggiore in die Schweiz. Von Montreux aus fährt das Paar in ein kleines Gebirgsdorf, das Chamby sein könnte – wo Ernest und Hadley einmal sehr glücklich waren.

Sie sei sehr neugierig, sagte Pauline in Key West, als das Kerlchen in ihrem Bauch sich regte, wer mit seinem Problem zuerst fertig werde; sie mit dem Austragen ihres Kindes oder er mit seinem Roman. In jedem Fall aber wolle sie ihr Kind in einer kühleren und vor allem stilleren Umgebung zur Welt bringen.

Sie fuhren nach Piggott in Arkansas auf den Landsitz ihrer Eltern. Und als es soweit war, brachte Ernest Pauline in eine Klinik nach Kansas City. Es war eine sehr schwere Geburt, und er wich nicht von ihrer Seite. Nach achtzehn Stunden kam dann endlich der neuneinhalb Pfund schwere Patrick Hemingway durch Kaiserschnitt zur Welt.

Die Geschichte von Catherine war noch nicht zu Ende erzählt. Es dauerte noch Wochen, bis sich Ernest an das letzte Kapitel herantraute, in dem es Frühling wird in der Schweiz und Henry seine Catherine in der Klinik abliefert. Sie leidet sehr, die Ärzte setzen zum Kaiserschnitt an. »Ich glaubte, Catherine sei tot. Sie sah tot aus. Ihr Gesicht war grau, der Teil, den ich sehen konnte. Tief unten unter dem Licht nähte der Doktor die große, lange, zangengeweitete dickrandige Wunde. Ein zweiter Doktor in einer Maske gab das Betäubungsmittel. Zwei Schwestern in Masken reichten Dinge. Es sah aus wie eine Zeichnung von der Inquisition . . .« Das Baby, ein Junge, ist tot. Dann stirbt auch Catherine.

Vier Jahre nach Patrick wurde Gregory geboren, auch durch Kaiserschnitt. Ernest hatte sich immer eine Tochter gewünscht. Daraus wurde nun nichts. Eine dritte Schwangerschaft wäre für Pauline lebensgefährlich – sagten die Ärzte.

*

Die Nachricht vom Tod des Vaters erreichte ihn im Havanna-Expreß. Ernest hatte den jetzt fünfjährigen Bumby in New York abgeholt, Weihnachtseinkäufe gemacht und mit dem Kind in der Pennsylvania-Station den Zug nach dem Süden genommen. Bumby hing sehr an seinem Vater, und Hadley war großzügig genug, dem Jungen den Spaß nicht zu verderben. Pauline erwartete beide in Key West; im neuentdeckten Paradies sollte zum ersten Mal Weihnachten gefeiert werden. Das Telegramm mit der Todesnachricht für Mister Ernest Hemingway wurde in dem schmutzigen Bahnhof Trenton, New Jersey, dem Zugführer übergeben. Ernest überließ Bumby der Obhut des Schaffners und stieg in Philadelphia um in den Nachtzug nach Chicago.

Am nächsten Tag, dem 7. Dezember 1928, stand er in Oak Park vor seiner Mutter, die aussah wie das blühende Leben in Schwarz. Ihr immer noch üppiges, rotblondes Haar ließ sich von der Witwenhaube nur mit Mühe bändigen. Er haßte diese Frau mehr denn je und schämte sich seines Vaters wegen des Selbstmordes. Daß er selbst in depressiven Stunden schon oft mit Selbstmordgedanken gespielt hatte – »das sicherste ist, du springst in der Nacht von einem Schiff in den Ozean« –, kam ihm jetzt nicht in den

Sinn. Die schwere Zuckerkrankheit des Vaters, die Geldsorgen, die schlechtgehende Arztpraxis, die Vereinsamung – das alles waren für Ernest nicht die Motive für die Verzweiflungstat. Nichts konnte ihn davon abbringen, daß hier ein Mann von der lieblosen Selbstsucht einer Frau dazu getrieben worden war, die 32er Smith & Wesson hinter das rechte Ohr zu setzen und abzudrücken. Ernests fünf Geschwister, die alle die Mutter respektierten, sicher auch liebten, verstanden den großen Bruder nicht.

Ernest war jetzt, mit knapp dreißig Jahren, das Oberhaupt einer großen Familie mit vielen Schulden und Problemen. Gleich nach dem Begräbnis schrieb er Max Perkins einen Brief, in dem er seine neue Situation, ziemlich dramatisiert, schildert: Er habe jetzt eine Mutter, fünf Geschwister, zwei Frauen und zwei Kinder zu versorgen. Da könne er nur von Glück reden, daß sein praktisch bereits verkaufter Roman gerade fertig geworden sei.

Beim Abschied versprach Ernest seiner Mutter eine Unterstützung von hundert Dollar im Monat. Grace war gerührt und schickte ihrem lieben Ernie zu Weihnachten ein großes Paket nach Key West, das drei Ölbilder enthielt, die auf ihrer letzten Malreise nach Kalifornien entstanden waren; und – mit feinem Sinn für Makabres – die 32er Smith & Wesson-Pistole des Vaters.

Große und kleine Wunden

Der Börsenkrach am Schwarzen Freitag im Oktober 1929 erschütterte Amerika und die ganze übrige Finanzwelt. Aktien im Wert von fünfzehn Milliarden Dollar wurden in wenigen Tagen zu Makulatur. Hemingway machte sich große Sorgen. Die Krise mußte sich auch auf den Verkauf seiner Bücher auswirken, fürchtete er. Wer liest schon Romane, wenn ringsum Banken Pleite machen, Fabriken die Tore schließen, die Zahl der Selbstmorde Rekordhöhe erreicht, die Farmer ihre Schulden nicht bezahlen können und ihre Felder Spekulanten in die Hände fallen.

Maxwell Perkins hatte Mühe, seinen Autor zu beruhigen. Eine Katastrophe, gewiß, aber »In einem andern Land« verkaufe sich hervorragend, dreißigtausend seien weg, die dritte Auflage werde gerade gedruckt, Hollywood böte vierundzwanzigtausend Dollar für die Filmrechte. Damit käme man doch über die Runden, oder? Allerdings sei jetzt ein Buch auf dem Markt erschienen, das selbst einem Hemingway den Spitzenplatz in der Bestsellerliste streitig machen könne, ein Kriegsbuch von einem Deutschen namens Erich Maria Remarque: »Im Westen nichts Neues«. Schon was davon gehört? Der jüngste deutsche Schriftsteller, den Hemingway kannte, hieß Thomas Mann.

Wie aber sollte es nun weitergehen? War's richtig, in dieser aus allen Fugen geratenen Welt in einen Stierkampf-Führer mit dem schönen Titel »Tod am Nachmittag« viel Zeit und Mühe zu investieren? Perkins war zuversichtlich wie immer; er glaubte schlicht an Hemingway. Der aber wird jetzt insgeheim doch recht froh gewesen sein, daß sich die hübsche schwarzhaarige Pauline in sein Leben gedrängt hatte, mit den Pfeiffer-Millionen unter dem kleinen Popo.

Allerdings ging die Rechnung vorerst nicht auf. Paulines Vater verhielt sich Ernest gegenüber recht zurückhaltend und zugeknöpft. Ein Schwiegersohn, der bereits einmal mir nichts, dir nichts Frau und Kind verlassen hatte, war Paul Pfeiffer nicht ganz koscher. Künstlernaturen war nicht über den Weg zu trauen. Zur Hochzeit Paulines hatte er zwar mit einem Griff in die Westentasche tausend Dollar springen lassen, und das war's dann auch. Jetzt hatte Paul Pfeiffer andere Sorgen. In Arkansas waren viele Farmen spottbillig zu haben.

Für Ernest waren die Besuche bei den Schwiegereltern nichts weiter als eine lästige Pflicht, obgleich es in Piggott unglaublich viele Wachteln gab. Viel lieber fuhr er an die tausend Meilen weiter bis an den Rand der Rocky Mountains in Wyoming, wo der alte Schwede Nordquist auf seiner Farm komfortable Ferienhäuser vermietete. Mitten durch die Farm schoß ein Gebirgsbach zu Tal, bestimmt »das beste Forellen-Gewässer der Welt«; Dreitausender standen wuchtig am Horizont, ähnlich wie in Schruns, nur weiter, alles viel weiter; man ritt und fuhr und kletterte und jagte Bergschafe, Wapitis und riesige Bären, Marke Grizzly. Auch dies also ein Paradies, zur Abwechslung ein ganz anderes als das unten in Key West. Nur die kleine Pechsträhne, die Ernest immer noch verfolgte, ließ sich weder im Norden noch im Süden abschütteln.

Einen prächtigen Schwertfisch, der am Haken hängt, will er mit dem Jagdgewehr gegen einen Haifisch verteidigen. Der Sportfischer auf der schlingernden Jacht schießt sich ins Bein – Fleischwunde.

Ein Pferd wirft im Bergwald den schweren, nicht sehr geschickten Reiter ab – rechtes Bein von einem Ast durchbohrt, Verletzungen am Kinn, Gehirnerschütterung.

Ein Stacheldrahtzaun schlitzt den Zeigefinger auf bis zum Knochen – die Schreibhand ist für Wochen unbrauchbar.

Ein auf schmaler Gebirgsstraße entgegenkommender Laster blendet die empfindlichen Augen, der von Ernest gesteuerte Ford-Roadster überschlägt sich im Graben, die Insassen liegen darunter.

John Dos Passos, der dabei war: »Natürlich hatten wir ziemlich viel Bourbon getrunken . . . Wir krochen unverletzt unter dem Wagen hervor, aber Hem hatte sich einen komplizierten Armbruch zugezogen.« Und eine Gehirnerschütterung. Wieder ein Schlag auf den Kopf.

Ernest leidet auch an Milzbrand, Halsschmerzen, Kopfschmerzen, Nierenstauungen und ist ein grantiger Hypochonder. Und wie alle Hypochonder erträgt er die wirklichen Krankheiten und Blessuren mit erstaunlicher Härte, verkriecht sich dafür bei den eingebildeten sofort ins Bett. Dos Passos sagt: »Ich habe nie einen athletischen, kräftigen Mann erlebt, der soviel Zeit im Bett verbracht hat wie Ernest.« Für seine Umwelt überschreiten seine Launen oft die Grenzen des Erträglichen. Archie MacLeish, kein unbedeutender Schriftsteller, Pulitzer-Preisträger und Freund aus den Pariser Jahren, unternimmt die weite, beschwerliche Reise nach Wyoming, um Ernest am Krankenbett zu besuchen. Ein übelgelaunter, in Gips gepackter Flegel empfängt ihn mit den Worten: »Du bist doch nur gekommen, um mich sterben zu sehen.« Dreht dem Besucher den Rücken zu und verfällt in einen Tiefschlaf. MacLeish reist grußlos wieder ab und schreibt: »Er hatte die Welt satt, und ich hatte ihn satt . . . Er war ein wunderbarer, unersetzlicher, aber unmöglicher Freund; ein Mann, mit dem man nicht auskommen konnte.«

Aber Nordquist, der alte Schwede, liebt ihn wie einen Sohn. Die beiden verschwinden für Tage im Wald, legen Pferdekadaver aus, um Bären anzulocken, jagen, was ihnen vor die Flinte kommt. Ernest, der Nichtraucher, kann Wapitis riechen, ehe er vom scheuen Wild gewittert wird. Und wenn er schießt, dann trifft er. Vorher muß er nur schnell die Brille aufsetzen.

»Ihr solltet mich gegen Unfall und Krankheit versichern«, schreibt er voller Selbstironie an Perkins. »Damit könnte der Verlag einen Haufen Geld machen. Demnächst fahre ich nach Ostafrika auf Löwenjagd.«

Onkel Gus Pfeiffer war, im Gegensatz zu seinem Bruder

Paul, ein großzügiger Mann. Da er außer Pillenfabriken nichts Liebenswertes besaß, weder Weib noch Kind, verwöhnte er seine Nichten Ginny und Pauline, wo er nur konnte. Dieser liebe Onkel Gus besuchte die Hemingways eines Tages in Key West, begutachtete die Villa, die Pauline mit sicherem Geschmack im Auge hatte, und kaufte sie als verspätetes Hochzeitsgeschenk für achttausend Dollar. Und als er von den Safari-Plänen der jungen Leute hörte, zückte er begeistert nochmals das Scheckbuch und spendierte fünfundzwanzigtausend Dollar für die Reisekasse. Damit konnten sie sich ein erstklassiges Eintrittsbillet für das afrikanische Tierparadies leisten.

Unter dem Kilimandscharo

Vom Lager aus blickte man durch das Hitzeflimmern der Ebene dorthin, wo der Busch begann. Ein paar Antilopen hoben sich winzig und weiß gegen das Grün des Busches. Dies war ein angenehmes Lager unter großen Bäumen, an einem Hügel gelegen, mit gutem Wasser, und dicht dabei war eine fast ausgetrocknete Wasserstelle, wo des Morgens Wildhühner aufstiegen« (»Schnee auf dem Kilimandscharo«).

Pauline und Charles Thompson sahen dem kleinen, zweisitzigen Flugzeug nach, mit dem Ernest nach Nairobi ins Krankenhaus gebracht wurde. Der Doppeldecker drehte über ihren Köpfen noch eine Runde, so daß ihnen Ernest munter zuwinken konnte, und verschwand dann als silbern glänzende Mücke in Richtung Kilimandscharo.

»Hoffentlich kommen sie vor Sonnenuntergang in Nairobi an«, sagte Charles Thompson. »In Arusha müssen sie noch mal runter, um aufzutanken.«

Charles Thompson, mit dem sich die Hemingways in Key West angefreundet hatten, war ein wohlhabender Mann in Ernests Alter, der es sich leisten konnte, diese Safari mitzumachen. Dazu gehörte dann noch als dritter Weißer der einsilbige Philip Percival, Kenias berühmtester Berufsjäger. Safari-Liebhaber Europas und Amerikas drängten sich danach, von Percival auf die Fährte gesetzt zu werden. Für die nächsten zwei Jahre war er bereits ausgebucht. Seine Mannschaft bestand aus Eingeborenen, die er in Jahren für ihre Aufgaben bestens gedrillt hatte: die Chauffeure der beiden Lastwagen und des Geländewagens, in dem die Herrschaften Platz nahmen, wenn das Jagdrevier gewechselt wurde, der Koch, die Küchenjungen, die Gewehrträger, der Enthäuter, die Boys. Als Percival Pauline vom Startplatz kommen sah, gab er mürrisch Anweisung, im Badezelt die Leinenwanne mit dem bereits vorgewärmten Wasser zu füllen.

Wie bei allem, was er tat, trachtete Ernest auch
beim Jagen nach Perfektion. Berufsjäger beneideten ihn
um seine Kenntnisse und Schießkünste

Die ersten zehn Tage der Safari waren nach Plan verlaufen. Die Serengeti übertraf alle Erwartungen. Wohin man auch schoß, irgendein Biest fiel um. Den ersten Schuß auf einen Löwen durfte Pauline abfeuern. Der Bursche war gerade bei der Abendmahlzeit, man konnte sein Schmatzen vernehmen. Die prächtige Mähne so schwarz wie Paulines Haar. Als Pervical Zeichen gab, ließ sie sich aufs rechte Knie nieder, stützte den linken Ellenbogen aufs linke Knie, legte das handliche kleine Mannlichergewehr an, zielte und – barrong! Höchster Genuß. »Wir hörten das 6,5er-Stahlmantelgeschoß im Tierleib einschlagen.« Der König der Tiere sprang hoch wie ein Kätzchen, drehte sich ganz närrisch um sich selbst, aus Ernests Springfield donnerte es einmal und noch einmal, und dann war Ruh unter dem Kilimandscharo. Also wessen Löwe war das nun: Paulines oder Ernests? Percival hütete sich, den Schiedsrichter zu spielen. Aber M'Cola, der schwärzeste unter den schwarzen Gewehrträgern, der vom ersten Tag an immer hinter der Memsahib herschwänzelte, brüllte einfach drauflos: »Mama piga simba.« Da gab's kein Halten. Die Boys und alle andern kamen angelaufen, hoben Paulinchen auf die Schultern, trugen sie zum Lager und stimmten ihr Löwenlied an, aus dem Ernest nur den ärgerlichen Refrain heraushörte: »Mama piga simba.«

Er überließ ihr ohne lauten Widerspruch den Simba – vielleicht dachte er dabei auch an den lieben Onkel Gus daheim –, und Pauline verteilte verlegen Shillings unter die Boys. Viel mehr als der strittige Löwe ging Ernest das impertinente Jägerglück seines Freundes Charles Thompson auf die Nerven. Der war, was selbst der zurückhaltende Percival bestätigen mußte, ein miserabler Schütze. Doch wenn er was zufällig traf, war's immer ein museumsreifes Exemplar: ein Bilderbuchlöwe, ein herrlicher Gepard, aus rasendem Galopp niedergestreckt, ein superstarker Büffel, ein Star unter den Kudus und ein Rhinozeros, »neben dem ich mich mit meinem Micker in ein und demselben Land nicht sehen lassen durfte«.

Da mußt du schon Spaß verstehen, was Hemingways Stärke nicht war. Er wurde krank vor Ärger, oder aber es war die Amöbenruhr. Jedenfalls hatte es ihn wieder einmal erwischt, gleich in der zweiten Woche. Er wurde grün und gelb im Gesicht, krümmte sich fluchend hinter jedem dritten Strauch, hielt aber eisern durch. Erst als er's schließlich in seiner Not mit einer Whisky-Therapie versuchte, griff Percival energisch ein und orderte per Notruf den Doppeldecker aus Nairobi. Notizbuch und viele Bleistifte nahm Ernest mit ins Krankenhaus.

Percival hatte nämlich am Lagerfeuer von einem Jagdunfall erzählt, bei dem einer seiner Kunden in panischer Angst vor dem angeschossenen Löwen blindlings davongerannt war – genau vor die Flinte seiner Frau, die ihn erschoß. Noch im Krankenhaus in Nairobi beginnt Hemingway mit der afrikanischen Erzählung »Das kurze glückliche Leben des Francis Macomber«. Zweifel, Angst und ihre Überwindung durch erneute Herausforderung, darum dreht sich's auch bei dieser Jagdgeschichte. Für einen Mann gibt es keine andere Würde, als sich der Bedrohung und damit auch der möglichen Niederlage auszusetzen. Wirft er die Flinte ins Korn, wird die Frau sofort die Zügel und die Peitsche ergreifen. Macombers feiges Verhalten vor dem Löwen, sein Versagen als Mann, ist für seine Frau Margaret Grund genug, um in der Nacht im Nachbarzelt ins Bett des Jägers Wilson zu steigen. Sie, ein ziemliches Miststück, nützt die Schwäche Macombers gnadenlos aus, bringt ihn damit aber ungewollt zur Selbstbesinnung und Selbstüberwindung. Am nächsten Morgen hat er sich ganz in der Hand und findet das Leben plötzlich erstaunlich schön. Viel Zeit zum Glücklichsein bleibt ihm nicht. Der anstürmende Büffel wird von Margaret vom Wagen aus aufs Korn genommen. Möglich, daß sie ihren Mann retten will, aber sie trifft nicht den Büffel, sondern Macomber in den Kopf.

Auch in der zweiten Afrikaerzählung »Schnee auf dem Kilimandscharo« befindet sich ein Ehepaar auf Safari. Der

Schriftsteller Harry weiß, daß er sterben muß. »Seit der Brand in seinem verletzten rechten Bein begonnen hatte, war er ohne Schmerz, und mit den Schmerzen war das Grauen vergangen, und jetzt fühlte er nichts weiter als eine große Müdigkeit und Zorn, daß dies das Ende war.« Harry und seine Frau Helen warten in ihrem Lager unter Mimosenbäumen auf das Rettungsflugzeug, das nicht kommt.

Harry ist Hemingway. Nie wieder hat er sich selbst so ungetarnt dargestellt. Alle Stationen seines bisherigen Lebens – Hemingway ist beim Schreiben dieser Geschichte fünfunddreißig Jahre alt – werden in den Fieberträumen Harrys wehmütig heraufbeschworen: Michigan, Paris, Schruns, Konstantinopel, Spanien, Key West – »und all die Geschichten, die er hatte schreiben wollen«.

Und was hat Helen mit Pauline gemein? Diese Frage des Biographen Hotchner wird von Hemingway lapidar beantwortet: »Alles und nichts.« Mag jeder herauslesen, was er will.

Jedenfalls spielt Helen keine beneidenswerte Rolle. Ihr Reichtum hat den Schriftsteller Harry korrumpiert, seine Begabung im Luxus erstickt, seine Bewährungsmöglichkeiten als Mann aufs Bett beschränkt. »Dein verfluchtes Geld . . . du reiche Hure«, stöhnt Harry auf seinem Lager mit dem Blick auf den Kilimandscharo. Bei diesem bitterbösen Gezänk der Eheleute muß Helen den kürzeren ziehen. »Das ist nicht fair«, sagt sie weinend. »Ich habe alles verlassen und bin mit dir überall hingefahren, wohin du wolltest, und ich habe immer das getan, was du wolltest.«

Diese Worte hätte auch Pauline sagen können.

»›Schnee auf dem Kilimandscharo‹ ist die feinste Geschichte, die du je geschrieben hast«, jubelt Scott Fitzgerald in einem Brief, und dem Biographen Hotchner diktiert Hemingway in die Feder: »Danach brauchte ich lange, bis ich wieder eine Kurzgeschichte schreiben konnte, weil ich wußte, eine so gute Geschichte wie ›Schnee auf dem Kilimandscharo‹ würde ich nie wieder zustande bringen.«

Die Safari wurde Ende Januar mit einem wieder vor

Kraft strotzenden Ernest fortgesetzt. Jetzt ging es Elefanten, Rhinos, Büffeln, Kudus ans Leder. Nach sechsundsiebzig Tagen mußten sie die »Grünen Hügel Afrikas« jedoch verlassen, die Regenzeit hatte sich pünktlich eingestellt. In Mombasa erwartete sie der schwedische Luxusdampfer »Gripsholm«.

Hurrikan

Die Nachricht vom Ausbruch der Konterrevolution in Spanien am 18. Juni 1936 brachte den Tagesablauf Hemingways nicht aus dem Rhythmus. Er hatte es sich angewöhnt, möglichst vor Mitternacht schlafenzugehen, um möglichst früh mit seiner Arbeit am Schreibtisch beginnen zu können. Die kühlen Morgenstunden mußten ausgenutzt werden. Bevor die Sommerhitze auf Backofentemperatur anstieg, hatte er dann meistens seine fünfhundert bis sechshundert Wörter zu Papier gebracht. Sein erster und einziger Roman, der sich auf amerikanischem Boden abspielt, machte gute Fortschritte: »Haben und Nichthaben«. »Das Buch wird verteufelt gut, mit armen und reichen Leuten, Reaktionären und Revolutionären«, berichtet er Maxwell Perkins. »Den Handlungsablauf hab' ich vollständig im Kopf . . . Aber wir sollten uns die Sache in Spanien auch nicht entgehen lassen.«

Für den Rest des Tages war er mit seiner »Pilar« beschäftigt – sein ein und alles. Hemingway hat in seinem ganzen Leben nie etwas besessen, was ihm so ans Herz gewachsen wäre wie diese Jacht. Das Haus auf Key West gehörte Pauline, das war Onkel Gus' Geschenk, und Ernest fühlte sich dort mehr oder weniger als Gast. Die »Pilar« war sein, ganz und gar: ein dieselgetriebenes, dreizehn Meter langes, seetüchtiges Boot mit zwei Schiffsschrauben, doppeltem Steuerruder, geräumigen Schlafkojen und kompletter Ausrüstung für die Sportfischerei auf hoher See. Sogar Harpunen für den Walfang befanden sich an Bord. Siebentausendfünfhundert Dollar hat's gekostet, eigenes Geld bis auf den letzten Penny, da durfte Onkel Gus nicht aushelfen. In kürzester Zeit wurde er zu einem perfekten Seemann und kenntnisreichen Angler. Er konnte Dieselmotoren reparieren und war ein sicherer Navigator, er kannte alle Lacksorten, die für den Anstrich benötigt wurden, und eroberte

Pauline als Friseurin auf Key West. Ernest, dem
Äußerlichkeiten völlig schnurz waren, wäre ohne die Fürsorge
seiner Frauen wahrscheinlich verlottert

sich besessen die Welt der Barakudas, Marline, Tarpone und Schwertfische.

»Warum schreibst du nicht darüber?« fragte ihn Perkins, überwältigt vom Zauber dieser See, die er anläßlich eines Besuches auf der »Pilar« zum ersten Mal erlebte. »Vielleicht später einmal«, antwortete Ernest lachend. »Jetzt weiß ich noch zu wenig.«

Dabei verbrachte er unzählige Stunden bei den Fischern, Schmugglern und Bootsbauern, traktierte sie bei »Sloppy Joe's« mit Daiquiris und quetschte sie aus mit Engelsgeduld. Pauline konnte die »Pilar« nicht leiden. Da fühlte sie sich irgendwie ausgeschlossen, das war und blieb für sie eine schwankende, stinkende Männerklause. Die beiden als Besatzung angeheuerten Burschen liefen halbnackt herum, Ernest wusch sich an Bord auch nur sehr flüchtig, und beim Anblick der riesigen Biester, die nach stundenlangem Kampf bluttriefend, von Haien angenagt aus dem Wasser gezerrt wurden, drehte sich Pauline der Magen um. Dann schon lieber Stierkampf. Am meisten aber haßte sie es, in der engen, stickigen Kombüse kochen zu müssen. Und trotz alledem hatte es sie zu Tränen gerührt, als Ernest seinem Schiff den Namen »Pilar« gab, diesen heimlichen Kosenamen aus der Zeit ihrer verbotenen Liebe.

Näher besehen, führten Ernest und Pauline eigentlich eine gute, vernünftige Ehe. Man liebte sich auch von Zeit zu Zeit, wenngleich die von Hadley mit ihrer törichten »Hundert-Tage-Trennung« erst richtig angeheizte Leidenschaft inzwischen lau geworden war und die Angst vor einer dritten Schwangerschaft nicht verdrängen konnte. Der Coitus interruptus sei nichts Halbes und nichts Ganzes, klagte Ernest seinen Freunden, indiskret wie immer, und über Verhütungsmittel sei mit einer Katholikin nicht zu reden.

Was aber war in Spanien los, was man sich »nicht entgehen lassen sollte«? General Francisco Franco war der erste Streich gegen die verhaßte Republik auf Anhieb gelungen. Die Garnisonen in Marokko waren in seiner Hand, die spanische Fremdenlegion und die marokkanischen Truppen, die »Moros«, hörten auf sein Kommando. Die Exekutionskommandos konnten mit ihrer Arbeit beginnen: republiktreue Offiziere – davon gab es einige – und führende »Rote« wurden an die Wand gestellt.

Gleichzeitig mit Francos Handstreich sollten im Mutterland die Armeechefs, die zu den Verschwörern gehörten – und dazu zählten die meisten –, in ihrem Bereich die Macht übernehmen. Auch das gelang vielerorts, fast ohne Widerstand. Nur nicht in Barcelona, schon gar nicht in Madrid.

Über Nacht hatten dort die Bürger und Arbeiter Gewehre in der Hand, die Regierung öffnete die Arsenale, die Gewerkschaften rückten die insgeheim seit langem gehorteten Waffen heraus, die »Miliz« organisierte sich zum Widerstand. Aus dem Putsch des Militärs, der laut Plan in wenigen Tagen erledigt sein sollte, wurde ein Bürgerkrieg, einer der blutigsten und grausamsten in der Geschichte des Abendlandes.

Dabei wäre der Putsch der Generalsjunta in letzter Minute beinahe im Keim erstickt. General Franco mit seinen Legionären und »Moros« saß in Afrika fest wie in einer Falle. Er kam nicht übers Meer. Auf den spanischen Kriegsschiffen, die den Transport besorgen sollten, machten die Matrosen nicht mit. Sie blieben ihrer Republik treu, erschossen die Offiziere oder warfen sie ins Meer und blokkierten die afrikanischen Häfen.

Adolf Hitler hatte ein paar Tage zuvor in Berlin die Olympischen Spiele feierlich eröffnet, erholte sich gerade in Bayreuth im Brausebad vertrauter Klänge, als ihm in der langen Pause die Nachricht von der vertrackten Situation seines Bruders im Geiste überbracht wurde.

Noch bevor der Vorhang zu »Siegfrieds Tod« wieder aufging, war der Befehl an Göring ergangen: Alle verfügbaren Transportflugzeuge ab nach Afrika. Erste Bewährungsprobe für die bald so berühmte »JU 52«. Und die Briten auf Gibraltar beobachteten gelassen ein Ereignis über ihren Köpfen, das sie in seiner Tragweite nicht ermessen konnten: die erste Luftbrücke der Welt.

General Franco, die Legionäre und die »Moros« landeten in Andalusien. Das Verhängnis Spaniens nahm seinen Lauf.

Die lähmende Schwüle auf Key West wurde unerträglich. Selbst das Meer war zu träge, um Wellen zu schlagen. Bleiern lag es da. Nächte, die keine Abkühlung brachten, machten apathisch oder reizbar und streitsüchtig.

Bei Ernest kam hinzu, daß er sich mit jedem Satz herumquälte, keine hundert Wörter zustande brachte und daher wie ein störrischer Maulesel nach allen Seiten auskeilte. Längst war er zur Attraktion der Insel geworden, zu einem Alleinunterhalter, der sich vor Touristen und Einheimischen zum Narren machte. Für seine prominentesten Besucher veranstaltete er nachts von Bord der »Pilar« aus ein Wettschießen auf die Lichterketten im Garten des Gouverneurs von Bimini. Den Eigner einer eleganten Jacht, die neben der »Pilar« anlegte, schlug er nach kurzem Streit bewußtlos. Der Mann hieß Joseph Knapp und war, wie sich hinterher herausstellte, ein reicher Verleger. Eine Neger-Calypso-Band feierte Ernests Sieg mit einem improvisierten Song über den »großen Ochsen« von Key West. Oder aber er setzte wie ein Schausteller auf dem Jahrmarkt einen Preis von zweihundertfünfzig Dollar aus für jeden, der einen Boxkampf mit ihm über drei Runden durchstand. Ein hünenhafter Neger wollte sich das Geld verdienen und ging erst in der zweiten Runde zu Boden. Ernests Schreibhand hatte am meisten darunter zu leiden.

Am liebsten aber hätte er Kritiker mit seinen Fäusten bearbeitet, denn »Kritiker sind Läuse, die auf der Literatur herumkriechen«: Das war in erster Linie auf die »Linken« gemünzt, die ihn wegen seines Buches »Die grünen Hügel Afrikas« arg zerzausten. Ob es für Hemingway in einer aus allen Fugen geratenen Zeit, in der es überall krisele und brodele, keine anderen Themen gäbe als Safaris, als das Abschlachten großer und kleiner Tiere zu Wasser, zu Lande und in der Luft, schrieben sie. Und der Chefredakteur der kommunistischen Zeitschrift »The Masses«, Max Eastman, den Ernest noch aus Genua kannte, erdreistete sich zu behaupten, daß Hemingways Männergeschichten »peinlich wirken wie falsche Haare auf der Brust«. Den Itzig würde er zu Brei schlagen, schwor er sich, mußte damit aber noch drei Jahre warten.

Sehr nachdenklich hingegen stimmte ihn eine Abhandlung über »Hemingway«, verfaßt von dem sowjetischen Schriftsteller und Übersetzer Kaschkin, der »Fiesta«, »In einem andern Land« und mehrere Storys ins Russische übertragen hatte. Hemingway wurde in der Sowjetunion gern gelesen, was ihn sehr stolz machte. In dem Essay machte Kaschkin seinem bewunderten amerikanischen Kollegen den Vorwurf, daß er politisch nicht eindeutig Stellung beziehe, nirgends zu erkennen gäbe, ob er auf der Seite der Sozialisten oder der Kapitalisten stünde. Das durfte nicht unbeantwortet bleiben:

»Jeder«, schrieb er an Kaschkin, »versucht einem jetzt damit Angst einzujagen, daß man allein sei und keine Freunde mehr haben werde, wenn man nicht Kommunist wird oder einen marxistischen Standpunkt einnimmt . . . Ich kann deswegen kein Kommunist sein, weil ich nur an eine Sache glaube: Freiheit. Zuerst würde ich mich um mich selbst kümmern und meine Arbeit tun. Dann würde ich für meine Familie sorgen. Dann würde ich meinem Nachbarn helfen. Aber der Staat ist mir gleichgültig . . . Ich glaube, daß ein absolutes Minimum an Regierung erforderlich ist . . . Ein Schriftsteller kann nur dann klassenbewußt sein, wenn sein Talent beschränkt ist. Wenn er genügend Talent hat, fühlt er sich in allen Klassen zu Hause. Er nimmt von allen etwas, und was er gibt, ist jedermanns Eigentum . . . Ein echtes Kunstwerk wird ewig bestehen; seine politische Anschauung ist Nebensache.«

*

An einem besonders schwülen Samstag kam die Warnung vor einem mächtigen Hurrikan, der sich über den Bahamas zusammenbraute. Ernest geriet in Panik aus Sorge um seine »Pilar«. Eilig besorgte er sich für sechsundfünfzig

Dollar neue Trossen, manövrierte das Boot in den geschütztesten Winkel des ehemaligen U-Boot-Hafens und war den ganzen Sonntag über damit beschäftigt, sein Schiffchen zu sichern. Für Paulines Haus blieben dann auch noch ein paar Stunden übrig.

In der Nacht von Sonntag auf Montag ging's los. Die Kinder wurden aus den Betten geholt, die ganze Familie verbrachte den Rest der Nacht im Keller, während sich draußen die Furien austobten.

Am nächsten Morgen stellte sich heraus, daß Key West vom Hurrikan nur gestreift worden war. Mit voller Wucht war der Sturm zwanzig bis dreißig Meilen weiter nördlich über die Matecumbe Keys gerast, wo an die tausend Kriegsveteranen in Lagern hausten, von der Regierung in das tropische Sumpfland abgeschobene Männer, die nach dem Krieg mit sich und der Umwelt nicht zurechtgekommen waren und seit Jahren beim Bau eines Eisenbahndammes zwischen Ozean und Mangrovensümpfen eingesetzt wurden. Der Damm brach beim ersten Ansturm, die Baracken wirbelten wie welke Blätter durch die Luft, die Veteranen wurden in die Mangrovensümpfe geschleudert. Nahezu alle kamen ums Leben.

Hemingway ließ ein Boot mit Lebensmitteln und Trinkwasser beladen und fuhr, begleitet von zwei erfahrenen Männern, in das Katastrophengebiet. Doch da war nicht mehr viel auszurichten.

Zu Hause erwartete ihn das Telegramm der Zeitschrift »The Masses« mit der Bitte um einen Augenzeugenbericht. Ausgerechnet Max Eastmans »The Masses«, da sträubten sich die echten Haare auf der Brust. Aber dann setzte er sich hin und schrieb einen ebenso herzzerreißenden wie anklagenden Bericht: »Wer hat die Veteranen umgebracht?«

Die Sensation war perfekt. Hemingway attackiert in einem kommunistischen Blatt die Regierung, beschuldigt die Bürokraten in Washington und Miami, die Veteranen ihrem Schicksal überlassen zu haben. Warum waren sie nicht rechtzeitig evakuiert worden?

Ob sich bei dem in Saus und Braus lebenden Großwildjäger, Jachtbesitzer und Hochseeangler unbemerkt ein Gesinnungswandel vollzogen habe, fragten sich verblüfft die Linken. Und Max Perkins lancierte das Gerücht, daß der berühmte Ernest Hemingway demnächst nach Spanien in den Bürgerkrieg fahre, nach Madrid, zu den Republikanern.

Die »Pilar« hatte zum Glück keinen Schaden genommen. Sie tanzte auf den schaumgekrönten Wellen.

Die Kriegsbraut kommt

Martha Gellhorn, die dritte Ehefrau:
erfolgreiche Journalistin und
Schriftstellerin, hübsch, ehrgeizig,
unternehmungslustig, selbstbewußt – das
konnte nicht lange gutgehen

Der Großwildjäger, Jachtbesitzer,
Safari-Fan ist im Spanischen Bürgerkrieg auf
der Seite der Republikaner zu finden

Mit den internationalen Brigadisten, die in
Spanien freiwillig gegen Franco kämpften, hatte Hemingway
(zweiter v. l.) auf Anhieb guten Kontakt

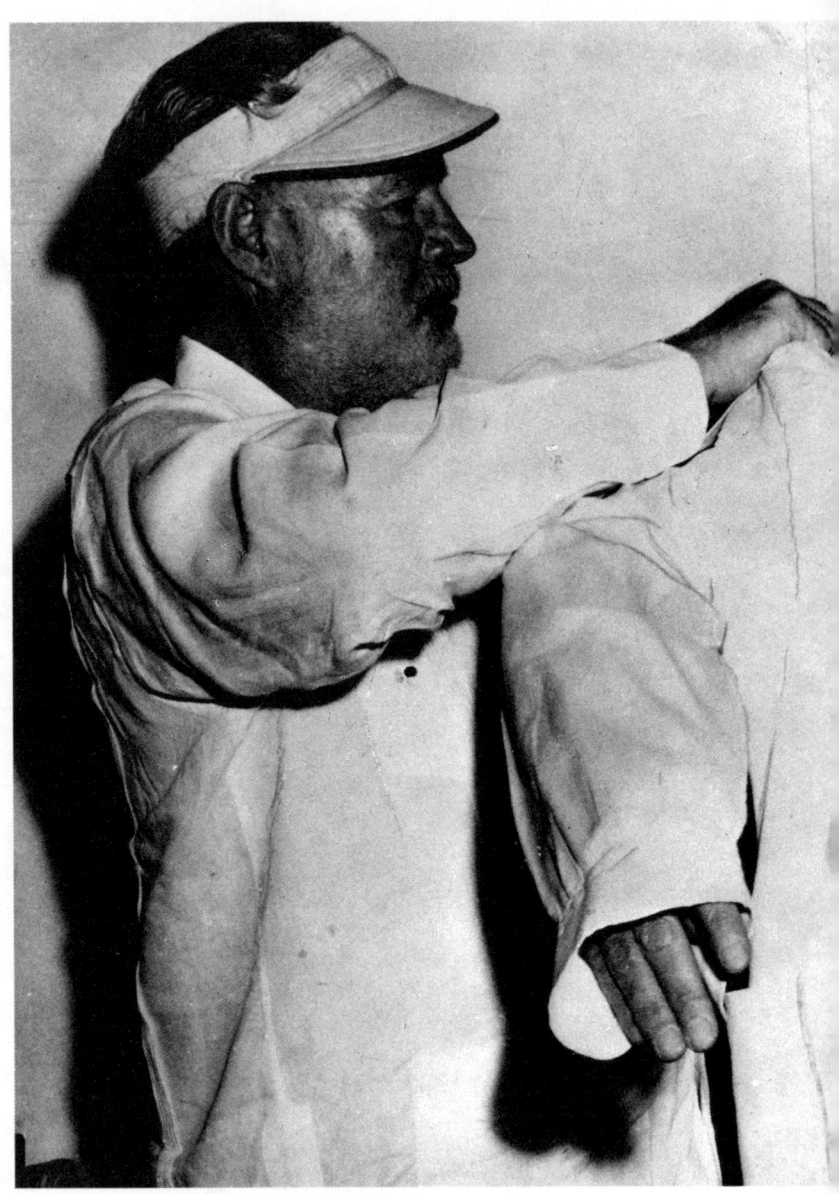

Gary Cooper war von Hemingway 1943 für die
Hauptrolle im Film »Wem die Stunde schlägt« ausgesucht
worden. Daraus wurde eine enge Freundschaft

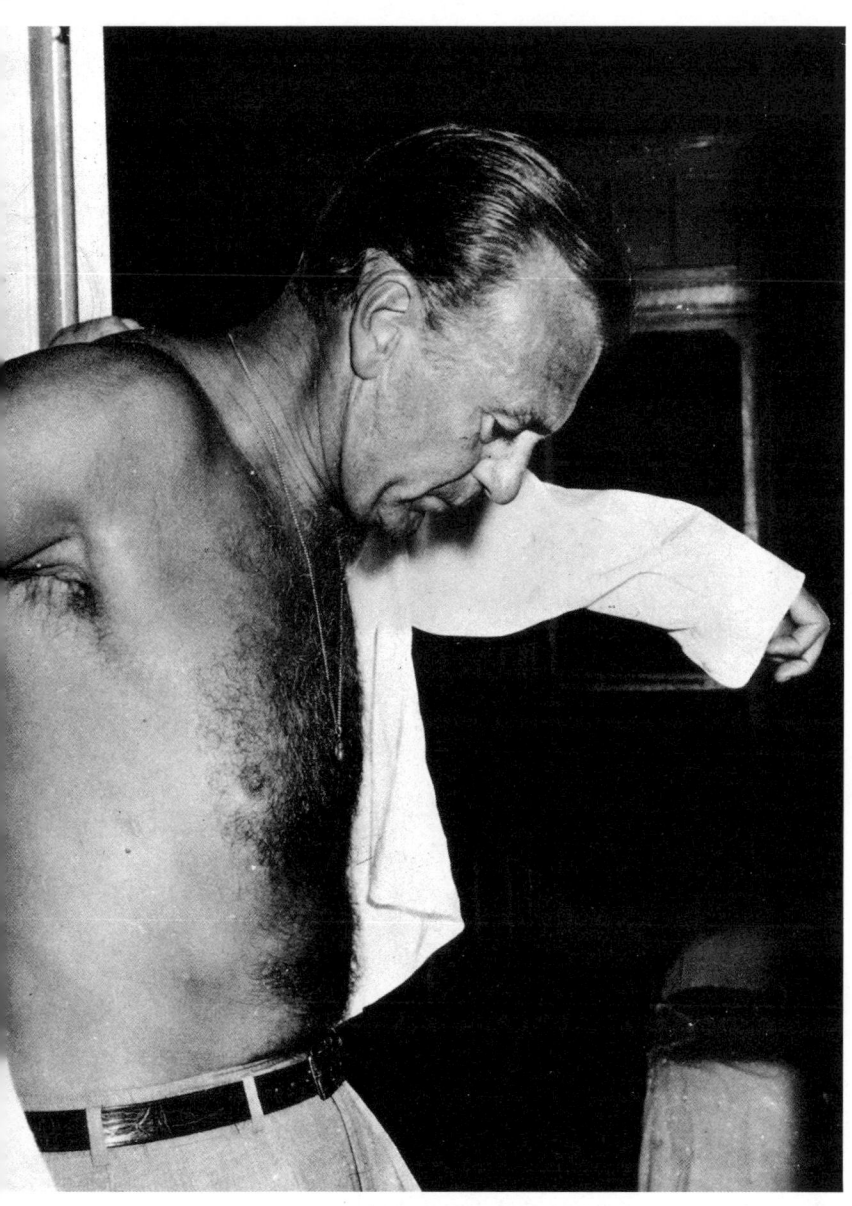

131

Düstere Flitterwochen im chinesisch-japanischen Krieg 1941.
Es war Marthas Idee. Der Schriftsteller Hemingway hat über diese
Reise keine Zeile geschrieben

E rnest saß an einem De-
zembernachmittag, im
Gammellook wie üblich,
bei »Sloppy Joe's« vor ei-
nem eisgekühlten Daiquiri und las seine Zeitung, als zwei
Touristinnen die Bar betraten. Eine ältere Dame und eine
junge, blonde, auffallend attraktive Frau. Die beiden sahen
sich ratlos um, als hätten sie sich in der Adresse geirrt.

Ernest rutschte vom Hocker, trat auf sie zu und sagte:
»Ich bin Hemingway, Ernest Hemingway – kann ich Ihnen
helfen?« Er konnte. Sichtlich erleichtert berichtete die ältere Dame, daß sie soeben angekommen seien, aus Miami,
mit Bus und Fähre. Eine sehr lange, äußerst reizvolle Reise. In Miami hätte sie, begleitet von ihrer Tochter, nach einem Trauerfall Erholung gesucht, aber Miami sei doch
recht langweilig, und da hätten sie kurzentschlossen den
nächstbesten Bus nach Key West genommen. Nun seien sie
also hier und wüßten nicht so recht, wo man sich am besten
einquartiere, und ihr Gepäck stünde noch unten an der
Busstation. Ob sich Herr Hemingway – der Name käme ihr
irgendwie bekannt vor – auf dieser Insel auskenne? Und
ohne eine Antwort abzuwarten fügte sie kurzatmig hinzu.
»Ich bin Edna Gellhorn aus St. Louis, und das ist meine
Tochter Martha.« Alles weitere ergab sich wie von selbst.
Nachdem der Einstieg in die Bekanntschaft erst mal arrangiert worden war, mußte Martha nicht mehr viel nachhel-
fen. Ihr blondes Haar, die langen, wohlgeformten Beine,
ihre Jugend erübrigten weitere Tricks. Man machte in den
nächsten Tagen lange Spaziergänge, fuhr mit der »Pilar«
aufs Meer hinaus, badete, angelte, redete. Nicht nur er,
auch sie hatte eine Menge zu erzählen, und Martha verstand es, sich Gehör zu verschaffen. Ihr Vater Dr. George
Gellhorn, ein gebürtiger Österreicher, hatte es als Gynäko-
loge zu Ansehen und Vermögen gebracht – in St. Louis.
(Hadley und Pauline stammten ebenfalls aus St. Louis.)

Die Gellhorn-Kinder besuchten die besten und teuersten Universitäten des Landes. Danach wurde Martha Journalistin, war begierig, die Welt kennenzulernen, und reiste als Einundzwanzigjährige zunächst nach Frankreich. Anders als Hemingway beschränkte sie ihre Bekanntschaften in Paris nicht auf Amerikaner und Engländer; Martha machte sich ungeniert an die Franzosen ran; Sprachkenntnisse, Intelligenz und Belesenheit gepaart mit blendendem Aussehen und gutbestücktem Portemonnaie – das öffnet die Pforten zu allen Cercles.

Nach einem halben Jahr Paris kamen England, Spanien, Italien an die Reihe. Auf Capri schrieb sie ihr erstes Buch: »What Mad Pursuit« (»Was für ein verrücktes Unterfangen«). Ein früher Aussteigerinnen-Roman: Drei junge Frauen streifen das Korsett gesellschaftlicher und familiärer Bindungen ab und suchen blauäugig, wenn auch vergeblich, nach einem anderen Sinn des Lebens. »Nichts geschieht je dem Tapferen«, diesen Satz aus Hemingways »In einem andern Land«, nahm Martha als Motto für ihr Buch.

Den Durchbruch als Schriftstellerin schaffte sie mit ihrem zweiten Buch: »The Trouble I've Seen« (Etwa: Die Not, die ich gesehen habe). Ein Roman über Dürrekatastrophe und Elend in dem vor kurzem noch so reichen, sorglosen Amerika.

Nein, Ernest hatte auch das zweite Buch Marthas nicht gelesen, glaubte aber, sich an eine Rezension erinnern zu können. »Wer ist diese Martha Gellhorn?« hieß es darin. »Was sie schreibt, brennt . . . Hemingway schreibt auch kein authentischeres Amerikanisch.« Dieser Satz saß noch in seinem Gedächtnis.

Eleanor Roosevelt, die Frau des Präsidenten, lobte »The Trouble I've Seen« in der wöchentlichen Kolumne über den grünen Klee. Sie lud die Autorin ins Weiße Haus ein, und daraus entwickelte sich zwischen der First Lady und der blutjungen Journalistin eine Freundschaft, die zu einer über Jahre währenden Korrespondenz führte.

Über ihre Begegnung mit Hemingway berichtete Martha

am 5. Januar 1937 an die »Liebe Eleanore! . . . Ein seltsamer Vogel, voller Feuer, und ein wunderbarer Geschichtenerzähler . . . So sitze ich hier [in Key West] herum und habe gerade das Manuskript seines neuen Buches [»Haben und Nichthaben«] gelesen. Ich habe das Gefühl, daß man Tag und Nacht arbeiten muß und auch leben und schwimmen und die Sonne im Haar spüren und so viele Menschen lieben, wie man finden kann, und daß man das alles furchtbar schnell tun muß . . . Wenn es Krieg gibt, dann werden all diese Dinge keine Bedeutung mehr haben.«

An den zu dieser Jahreszeit angenehm kühlen Abenden saß man häufig auf Paulines Terrasse beisammen. Da war viel von Spanien die Rede, zumal Martha das Thema hartnäckig immer wieder aufgriff. Die Truppen Francos standen inzwischen dicht vor Madrid. Die Herbstoffensive auf die Hauptstadt war allerdings gescheitert; in letzter Minute, als alles schon verloren schien, hatten die Internationalen Brigaden in die Schlacht eingegriffen und unter entsetzlichen Verlusten die Falangisten aus den Vorstädten wieder vertrieben. Martha wäre für ihr Leben gern dabeigewesen – sagte sie. Die Misere der Farmer im Mittelwesten und die Konterrevolution in Spanien, das ging für sie alles nahtlos ineinander über, und sie konnte Artikel vorweisen, in denen sie leidenschaftlich die Ignoranz ihrer Landsleute anklagte, die bedenkenlos mit den Faschisten jenseits des großen Teiches sympathisierten.

Ernest konnte keine Artikel dieser Art vorweisen, aber er hatte den spanischen Republikanern immerhin zwei Ambulanzwagen gestiftet. Und in New York waren ihm vor einigen Wochen zwei junge Männer über den Weg gelaufen, die unbedingt zum Lincoln-Bataillon nach Spanien wollten, die Überfahrt aber nicht bezahlen konnten. Das Lincoln-Bataillon bestand aus rund dreitausend amerikanischen Freiwilligen und war der Internationalen Brigade unterstellt. Ernest spendierte den beiden die Passage.

Und Pauline? Spanien brannte ihr nicht so sehr unter den Nägeln, sie hatte im Augenblick näherliegende Probleme. Es war ihr natürlich nicht verborgen geblieben, daß sich ihr »großer Hosenscheißer« wieder einmal über beide Ohren vernarrt hatte. Nur vernarrt? Was sich hier vor ihren Augen in Key West abspielte, mußte sie beklemmend an Schruns erinnern. Damals, vor genau zehn Jahren, war sie es gewesen, die mit Ernest in den verschneiten Wäldern verschwand, während Hadley zu Hause blieb, mit Bumby auf dem Arm. Heute verschwand Ernest mit Martha auf der »Pilar« . . . Damals klatschte Pauline Beifall über die »Sturmfluten des Frühlings«, heute war Martha begeistert über »Haben und Nichthaben«, und gemeinsam schwärmten sie von Spanien. Pauline war fünf Jahre jünger als Hadley, Martha ist dreizehn Jahre jünger als Pauline.

Als sich Martha Mitte Januar verabschiedete – ihre Mutter war bereits eine Woche zuvor abgereist –, hatte Ernest plötzlich dringende Geschäfte in New York zu erledigen. Er ließ ihr, damit's nicht so auffiel, einen Vorsprung von vierundzwanzig Stunden. Martha erwartete ihn in Miami, und von dort setzten sie die Reise gemeinsam im Nachtzug fort.

Auf der langen Fahrt nutzten sie die Zeit, wenn zu nichts anderem, so doch wenigstens zu einer Verabredung: Den Krieg in Spanien, den wollten sie sich gemeinsam ansehen.

Das Hotelfenster steht offen«, berichtet Hemingway in seiner ersten Depesche aus Madrid, »und vom Bett aus hören Sie das Schießen, siebzehn Blocks weit von der Front her. Das Gewehrfeuer hält die ganze Nacht an . . . Später kommt ein Granatwerfer dazu, und dann ein Feuerstoß aus dem Maschinengewehr. Sie liegen da und hören das alles, und Sie sind fein heraus, daß Sie im Bett liegen, die Beine ausgestreckt, die Füße gegen den Bettpfosten gestemmt . . . Dann schlafen Sie ein, und am Morgen weckt Sie eine Granate. Sie explodiert, noch ehe der Portier Sie weckt . . .«

Das Hotel »Florida«, in dem sich Hemingway am 18. März 1937 einquartiert hat, liegt in der Gran Vía, einer Hauptstraße im Zentrum Madrids. In fünfzehn Minuten bringt einen der Bus an die Front. Francos Truppen haben die Stadt im Halbkreis umzingelt, die Hügel und Berge im Süden, Westen und Norden besetzt. Versorgung gibt es nur noch von Osten, von der Mittelmeerküste.

Hemingway ist fasziniert von dem lebensgefährlichen Treiben auf der Gran Vía. In den ausverkauften Kinos, die mit Sandsäcken gesichert sind, laufen Hollywood-Filme; Juweliere und Kunsthändler bieten zu Spottpreisen ihre Ware feil, die Tische vor den Cafés sind dicht besetzt, und vor den Fleischerläden stehen lange Schlangen. Ab und zu rauscht eine Granate heran, schlägt in die Häuser ein oder explodiert auf der Straße. Ambulanzen schaffen die Toten und Verwundeten schnell weg, der gespenstische Trubel auf der Gran Vía geht weiter.

Ernest hat sich für Spanien mit zwei Jobs ausstaffiert. Ein Reportervertrag mit der NANA (North American Newspaper Alliance) hat ihn nach fünfzehn Jahren wieder einmal zum Journalisten gemacht, und zweitens gehört er zusammen mit seinem Freund John Dos Passos einer

Filmcrew an. Sie sollen einen Dokumentarfilm drehen unter dem Titel »Spanische Erde«. Vielleicht gelingt es, den heroischen Kampf der Republik in Amerika etwas populärer zu machen, wo Franco-Sympathisanten immer noch weit in der Überzahl sind.

Der einzige Wolkenkratzer der Stadt, den die Madrider »Telefónica« nennen, ist für die Franco-Artilleristen ein aufreizendes Ziel und für die Auslandskorrespondenten ein lebenswichtiges Gebäude. Hier erhalten sie Ausweise und Informationen, von hier aus können sie ihre Berichte ins Ausland kabeln, nachdem sie die Zensur passiert haben.

In der »Telefónica« wurde Hemingway gleich am ersten Tag von einem Mann in der Corduniform der Internationalen Brigaden angesprochen. Ein Deutscher namens Hans Kahle, der, wie sich bald herausstellte, den Weltkrieg als Oberst überstanden hatte, danach Mitglied der Kommunistischen Partei Deutschlands wurde. Häftling der Nazis, Emigrant in Paris und jetzt Bataillonskommandant in der XI. Internationalen Brigade. Hans Kahle erzählte in der »Telefónica« beiläufig, daß sich vor zwei Tagen bei Guadalajara, vor den Toren Madrids, eine Abwehrschlacht abgespielt habe. Italiener gegen Italiener, die Brigade »Garibaldi« gegen die angreifenden Hilfstruppen Mussolinis, ein Blutbad unter Brüdern auf spanischem Boden. Wenn Mister Hemingway mit seinem Filmteam das Schlachtfeld besichtigen wolle – ein Wagen stünde vor der Tür. Man müsse sich nur beeilen, die Beerdigungskommandos seien bereits unterwegs. Sie fuhren hinaus nach Guadalajara und filmten das zertrümmerte Kriegsgerät, die Kanonen, Panzer, Granatwerfer, und die vielen, vielen Italiener, die klein und jämmerlich wie zerfetzte Puppen zwischen den Felsblöcken herumlagen, der eine in Franco-Montur, der andere, dicht daneben, als »Garibaldist«.

»Das sieht hier nicht viel anders aus als ›In einem andern Land‹«, sagte Hans Kahle, womit er zu erkennen gab, daß er das Buch gelesen hatte. Der Mann gefiel Ernest immer

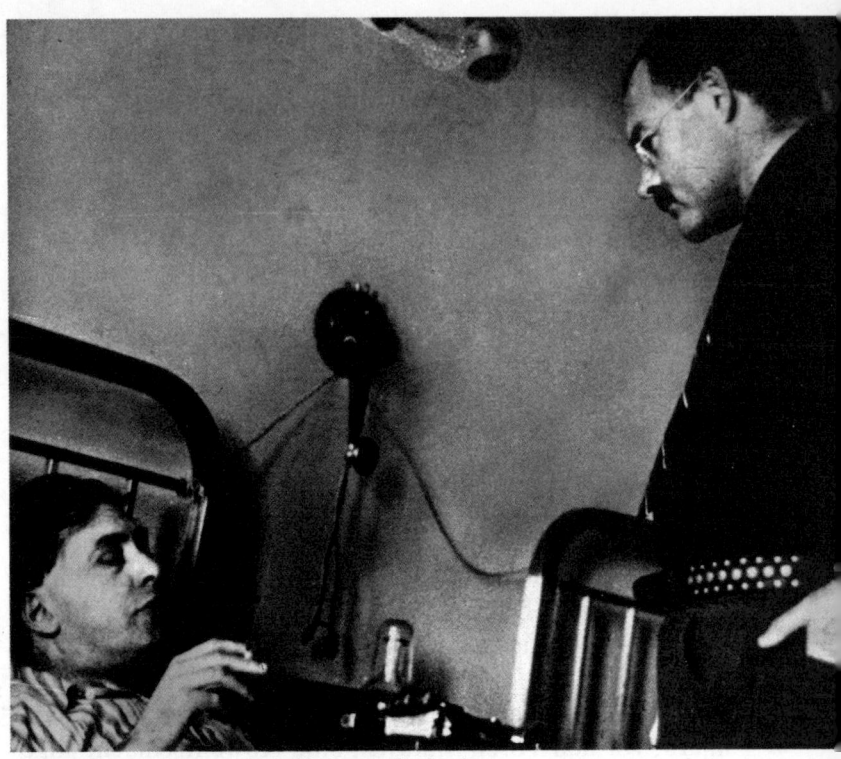

In Madrids vornehmem »Gaylord« hatten die Sowjets
Quartier gemacht. Ilja Ehrenburg, Korrespondent der »Prawda«,
diskutierte hier nächtelang mit Hemingway

besser. Außerdem ließen sich die militärisch knappen Informationen Kahles mühelos in den für die NANA bestimmten Depeschen verwenden! »Die Niederlage der Italiener hat Francos Hoffnung auf eine vollständige Einkreisung Madrids zunichte gemacht.«

Hans Kahle führte Hemingway auch im »Gaylord« ein, im vornehmsten Hotel in der Gran Vía, in dem sich das gesellschaftliche Leben der Sowjets abspielte. Posten mit aufgepflanztem Bajonett bewachten den Eingang zur Marmorhalle des Hotels, in dem es erstaunlich luxuriös zuging. Das Essen war gut und üppig, wie sonst nirgends in der Stadt, Wodka, Whisky wurden in beliebigen Mengen serviert. Hochrangige Offiziere der Internationalen Brigaden gingen im »Gaylord« ein und aus und zeigten sich erfreut, den großen Hemingway kennenzulernen: der deutsche Schriftsteller und Bohemien Dr. phil. Gustav Regler, politischer Kommissar der XII. Brigade; der polnische General Walter, Kommandeur der XIV. Brigade; der spanische Divisionskommandeur Enrique Lister; der Franzose André Marty, Kommandeur des Ausbildungszentrums, den Hemingway für absolut verrückt hielt, weil er in jedem Fremden einen Spion der »Fünften Kolonne« witterte; und schließlich General Kléber, Chef der Brigaden, ehemals k. u. k. Offizier. Das Schicksal jedes einzelnen dieser Männer hätte reichlich Stoff geboten für einen Roman.

Aber nicht nur die Militärs, auch Ilja Ehrenburg von der »Prawda« setzte sich zu dem amerikanischen Gast, und zu guter Letzt auch noch Iwan Kaschkin, Ernests russischer Übersetzer. Das war eine riesige Überraschung, die bis tief in die Nacht hinein begossen wurde. Iwan Kaschkin erhielt bald darauf seine Abberufung nach Moskau und ward nie wieder gesehen.

Hemingway wäre nie im Leben der Verdacht gekommen, daß er die Bekanntschaft dieser Männer nicht einzig und allein seiner Popularität verdankte oder daß die Begegnung mit Hans Kahle in der »Telefónica« nicht purer Zufall war. Absurd das Nörgeln seines Freundes Dos Passos, der in allem eine gezielte Aktion vermutete, mit der das amerikanische Filmteam an die Leine genommen werden sollte, in einer Kontrolle durch Umarmung. Ernest wunderte sich auch nicht darüber, daß er fast alles bekam, was er brauchte. In seinem Zimmer im »Florida« brutzelten Steaks und Spiegeleier auf dem Spirituskocher, Kaffee und Whisky gingen nie zur Neige, ein Auto stand ständig zur Verfügung, seine Berichte durchliefen die Zensur am schnellsten, und wenn irgendwo an den Fronten etwas passierte – Hemingway wußte als erster Bescheid. Er genoß seine Privilegien und amüsierte sich über das neidische Gemaule der anderen Auslandskorrespondenten.

*

Martha kam, wie mit Ernest verabredet, Mitte März in Paris an. Und wo war Ernest?

Monsieur Hemingway und die anderen amerikanischen Messieurs seien *partis,* wurde Martha vom Hotelportier mitgeteilt, vor zwei Tagen abgereist, mit dem Flugzeug nach Barcelona. Kein Gruß, keine Nachricht, keine Erklärung, nichts. Was nun?

Die französischen Behörden in Paris zeigten sich stur und wollten Martha das Überschreiten der französisch-spanischen Grenze nicht gestatten. Sie beriefen sich dabei auf das »Nichteinmischungsabkommen«, auf das groteske Papier, das Frankreich, England, Deutschland, Italien und die Sowjetunion unterzeichnet hatten. Darin verpflichteten sich diese Länder, in den spanischen Bürgerkrieg nicht einzugreifen. Die Franzosen und Engländer hielten sich strikt an ihr selbstauferlegtes Gebot, während die Deutschen unbekümmert ihre neue Luftwaffe über Spanien ausprobierten, Mussolini vierzigtausend Mann Franco zu Hilfe schickte und die Russen Kanonen und Panzer an die Republikaner lieferten, sich aber jedes Stück mit Goldbarren aus der spanischen Schatzkammer bezahlen ließen. Martha hingegen durfte nicht über die Grenze.

Kochend vor Wut schnürte sie ihren Rucksack, zog Flanellhose, Pullover und warme Windjacke an, setzte sich in den Zug und fuhr in die Pyrenäen nach Andorra. Zu Fuß ging's über die spanische Grenze nach Puicarda, von dort mit dem Bummelzug nach Barcelona, eine Nacht lang, eingekeilt zwischen blutjungen Soldaten, die ihr steinharte Knoblauchwurst mit Rotwein anboten und baskische Lieder beibrachten. In Barcelona wurde immer noch der Sieg von Guadalajara gefeiert. Noch eine Bahnfahrt bis nach Valencia, dann, wieder zwischen Soldaten, auf einem Lastwagen nach Madrid. »Ich wurde freundlich und fröhlich weitergereicht, wie ein Paket.«

Ernest saß in lauter Gesellschaft beim Abendessen in einem Kellerlokal, in dem sich die Journalisten trafen, und er sah Martha erst, als sie ihm den Rucksack auf die Füße setzte. »Da bist du ja endlich, Schwester«, rief er dröhnend, sprang auf und umarmte sie. »Ich wußte, daß du kommst, weil ich doch alles für dich arrangiert habe.«

Dieser Empfang warf sie vollends um. Zu erschöpft, um eines Wutausbruches fähig zu sein, völlig erschlagen von dieser grinsenden Unverschämtheit, ergab sie sich widerstandslos ihrem Schicksal.

Er führte sie ins »Florida«, besorgte ihr ein Zimmer, ein heißes Bad, Tee mit Rum, englische Cakes, frische Bettwäsche – und Martha konnte sich nur noch wundern, wie schnell ihr tagelang geschürter Zorn unter seinen Händen verdampfte.

Die Dreharbeiten an dem Film »Spanische Erde« kamen gut voran, obgleich es innerhalb des Teams erhebliche Reibereien gab. Ausgerechnet John Dos Passos, der bescheidene, einfügsame, niemals boxende, machte hier plötzlich Schwierigkeiten. Ihm gefiel längst nicht alles, was an der Front, und weniger noch, was hinter derselben geschah. Er wollte nicht nur Schlachtengemälde – Ernests bevorzugte Motive – filmen, sondern die Kamera auch mal auf Menschen richten, die diesen Krieg ohne ein Gewehr in der Hand durchlitten. Bei Ernest kam er damit nicht durch, und in dem Regisseur Joris Ivens, einem Künstler und Kommunisten bis unter die Haarwurzeln, fand Dos Passos auch keine Unterstützung. Vom Kameramann Ferno, auch ein Kommunist, gar nicht erst zu reden. Der gefährdete mit seiner Besessenheit Leib und Leben des ganzen Teams, wenn er seine Kamera weithin sichtbar vor den anrollenden Panzern aufbaute, als gälte es, in Hollywood einen Indianerangriff zu filmen.

Aber in einer andern Sache ließ Dos nicht locker. Es wollte ihm nicht in den Kopf, wieso in einer Demokratie, die von dreißigtausend Idealisten aus fünfzig Nationen fanatisch verteidigt wurde, zahllose Unschuldige auf einen Verdacht hin verhaftet, eingesperrt, gefoltert, liquidiert werden durften. Wo war da der Unterschied zu dem, was die Faschisten taten? »Hier werden Menschen erschossen, so wie man Bäume fällt«, hatte der französische Schriftsteller und Flieger Saint-Exupéry, der übrigens auch im »Florida« hauste, mutig geschrieben.

Und Dos Passos nervte von früh bis spät mit seiner Frage: »Wo ist Pazos Robles?« Der liberale, hochkultivierte spanische Literaturprofessor, seit Jahrzehnten mit Dos Passos befreundet und Übersetzer seiner Bücher, war seit Wochen spurlos verschwunden. Nicht an der Front, sondern in irgendeinem Madrider Gefängnis.

»Frag' mal deine neuen Freunde im ›Gaylord‹«, schrie er vor allen Leuten Ernest an. »Die werden's bestimmt wissen.«

Als schließlich die Nachricht durchsickerte, daß Pazos Robles zu Tode gefoltert worden war, weil sein Bruder bei den Faschisten kämpfte, bemerkte Ernest trocken: »Er war eben doch ein Spion.«

Für John Dos Passos brach eine Welt zusammen. Er reiste sofort ab und verschwand damit für immer aus Hemingways Leben. Ende einer Freundschaft.

Liebe im Schlafsack

Ihre geheime Liebe blieb nicht lange geheim. Der Bericht Sefton Delmers, Korrespondent des »London Daily Express«, über die Ereignisse einer Nacht im »Florida« machte ihr Geheimnis sogar publik. Eine Granate hatte den Heißwasserkessel des Hotels zur Explosion gebracht, worauf unter den Gästen eine Panik ausbrach. »Die überraschendsten Verhältnisse wurden offenbar, als die Leute aus ihren Schlafzimmern stürzten, darunter Martha Gellhorn und Ernest Hemingway, beide notdürftig bekleidet . . . Ein totales Chaos. Nur der Schriftsteller Saint-Exupéry, der in seinem Zimmer Grapefruits gehortet hatte, stand gelassen mit einem Korb im Treppenhaus und streckte Martha mit der ganzen Anmut eines französischen Aristokraten eine gelbe Frucht entgegen und sagte: ›Voulez-vous une pamplemousse, Madame?‹«

Martha lernte Ernest in Spanien von seiner besten Seite kennen. Er nahm sie zu den Dreharbeiten mit, und sie fühlte sich an seiner Seite sicher aufgehoben, wenn Granaten ringsum einschlugen. Seine gute Laune, sein Witz und seine Fähigkeit, auch mit deprimierenden Umständen fertig zu werden und das Beste daraus zu machen, wirkten ansteckend. Ständig waren sie von interessanten Leuten umgeben. Sefton Delmer vom »Daily Express« und Herbert Matthews von der »New York Times« schlossen sich ihnen häufig an. Auch diese Männer fühlten sich sauwohl in Hemingways Gesellschaft und hatten schnell erkannt, daß überall, wo er auftauchte, für Abwechslung gesorgt war. Außerdem profitierten sie von seinen Privilegien.

Im »Florida« gingen Ernest und Martha gemeinsam ihrer Arbeit nach; für Martha mit die schönsten Stunden. Sie schrieb ihre Berichte für »Collier's Magazine«, und er schüttelte seine Depeschen für die NANA aus dem Ärmel. Ernst wurde es ihm mit seiner Arbeit erst, wenn er an seiner »Fünften Kolonne« herumbastelte. Ein Drama sollte daraus werden, das erste und einzige aus Hemingways Feder. ». . . und während ich das Stück schrieb, wurde das Hotel Florida, wo wir lebten und arbeiteten, von mehr als dreißig Granaten getroffen. Wenn das Stück schlecht ist, so haben die dazu beigetragen«, heißt es in dem Vorwort.

Hin und wieder fuhren sie auch allein los. Aus der Stadt hinaus mit dem Auto in Richtung Sierra de Guadarrama, dann auf Mauleseln die Steilhänge rauf und runter, von einer Verteidigungsstellung zur andern. »Frontinspektion« nannte Ernest diese Ausflüge. Martha machte alles mit und wirkte selbst im Schlamm der Schützengräben frisch, sauber und elegant. In ihrem Rucksack hatte sie immer Schokolade und Zigaretten mit, die sie an die Soldaten verteilte, was ihn verdammt an Fossalta erinnerte. Und wenn's dunkel wurde, rollten sie ihre Schlafsäcke im Soldatenlager aus oder, lieber noch, auf einem einsamen Bauernhof, umringt von Hühnern und Ziegen. Blanker Sternenhimmel über dem gepeinigten Land, Ehebruch unter Lebensgefahr – nie wieder waren sie sich so nah.

Fast schon zur lieben Gewohnheit waren ihre Besuche bei der XII. Internationalen Brigade geworden, deren Kommandeur, ein Ungar, sich als prächtiger Erzähler entpuppt hatte. Einige von seinen Geschichten konnten auch gelesen werden. Aber die Härte und Grausamkeit des Generals Lucacz wurde von Freund und Feind gefürchtet. Sein Stabsarzt Dr. Werner Heilbrun, ein deutscher Jude, war »ein sanfter, tüchtiger Mann – ein Muster stoischer Seelenruhe und Menschenfreundlichkeit . . . Mit seiner Mütze, die schief auf seinem schwarzen Schopf thronte, bewegte sich Heilbrun zwischen den Verwundeten wie ein müder Bettelmönch. Er arbeitete Tag und Nacht, und seine tiefliegenden Augen glühten wegen der Bedeutung seiner Mission.«

Die Verwundeten Dr. Heilbruns lagen in einem großen Zelt. Während sich Martha mit einem verletzten Amerikaner des Lincoln-Bataillons unterhielt, beobachtete Ernest fasziniert ein wunderschönes, blutjunges Mädchen, das auf der gegenüberliegenden Seite einen Verband wechselte. Das Mädchen war klein und zierlich, hatte große traurige Augen und trug das Haar ganz kurz gestutzt.

»Das ist unsere Maria«, sagte Heilbrun mit seiner sanften Stimme. »Ihr Vater war republikanischer Bürgermeister in einem Bergdorf hier in der Nähe. Er wurde erschossen, Maria vergewaltigt und hinterher kahlgeschoren.«

Von dem Roman, der »Wem die Stunde schlägt« heißen sollte, war noch nicht einmal ein Konzept vorhanden, als Maria, später Hemingways romantischste Frauengestalt, für einige Augenblicke leibhaftig vor ihm stand.

Werner Heilbrun wurde drei Monate später in seinem Dienstwagen von der Maschinengewehrsalve eines deutschen Tiefffliegers zerfetzt, General Lucacz von einer Artilleriegranate auf der Landstraße nach Huesca in Aragon getötet. Der Autor von »Wem die Stunde schlägt« konnte sie alle nicht vergessen.

Pauline hatte einen schweren, fast schon aussichtslosen Stand gegen ihre Rivalin. Sie wußte, daß Martha in Spanien war. Schwesterlein Virginia Pfeiffer hatte es nicht versäumt, die »Collier's«-Ausgaben mit den groß aufgemachten Berichten Marthas nach Key West zu schicken. Andererseits erwähnte Ernest in seinen dürftigen Depeschen, die nicht viel mehr waren als mit lieben Grüßen verzierte Lebenszeichen, Martha mit keinem Wort, und das war für Pauline eine eindeutige Bestätigung ihres Verdachts.

Wie immer, wenn Pauline in Ehenöten war, brachte sie auch jetzt ihr Geld als Trumpf ins Spiel. Sie gab den Bau eines mit Seewasser zu füllenden Swimmingpools in Auftrag. Ob mit oder ohne Seewasser, dieser Pool sollte ihm zeigen, wie sehr sie um seine Behaglichkeit daheim bemüht war. Eine ausnahmsweise ausführliche Depesche informierte Pauline Ende Mai, daß die Dreharbeiten an dem Film »Spanische Erde« abgeschlossen seien und daß er sich bereits in Paris befände. Mit dem nächsten Schiff käme er nach Hause. O Gott, und der Pool war noch längst nicht fertig.

Kein Wunder, daß er nach einer kurzen Verschnaufpause in Key West seine »Pilar« flottmachte und – mit den Druckfahnen von »Haben und Nichthaben« in der Tasche – nach Havanna auf Kuba abdampfte, wo er sich in dem zweitklassigen Hotel »Ambos Mundos« ein bescheidenes Refugium eingerichtet hatte. Von dort schrieb er seinem Lektor Max Perkins: »Ich arbeite hart. Habe [aus den Druckfahnen] eine Tonne Kacke rausgestrichen und um die Avocado-Bäume verteilt, die ins Riesenhafte gewachsen sind.«

Martha befand sich auf einer Vortragsreise quer durch die Staaten. In allen großen Städten zwischen der Ost- und Westküste versuchte sie ihren Landsleuten beizubringen, daß Franco ein »Schlächter« sei und der verzweifelte Kampf der Republikaner unterstützt werden müsse. Zehntausende hörten ihr zu, selbst in ihrer Heimatstadt St. Louis, wo es eine Masse deutschstämmiger Katholiken gab, war der Saal voll. Anschließend gingen die Leute nach Hause und beteten für Franco.

Höhepunkt des Propagandafeldzuges war ein Kongreß in der New Yorker Carnegie Hall, zu dem die Liga der amerikanischen Schriftsteller geladen hatte. Der Film »Spanische Erde« sollte zum ersten Mal gezeigt werden, eingeführt von dem Schriftsteller Ernest Hemingway. Dreitausendfünfhundert Zuschauer und Zuhörer hatte die linke »Liga« zusammengetrommelt.

Es war Hochsommer, die Temperatur im Saal nahe dem Siedepunkt. Ernest stand, betreut von Martha, schweißüberströmt in den Kulissen und konnte nur an seinen kleinen Sprachfehler, an das leise Lispeln, denken. Am liebsten wäre er vor seinem Auftritt davongelaufen. Als er dann aber auf die Bühne trat, begrüßt von donnerndem Applaus, eroberte er das Haus im Sturm durch die einzigartige Kraft seiner Präsenz. Sieben Minuten dauerte seine Rede, die in der Feststellung gipfelte: »Es gibt nur eine Regierungsform, die keine guten Schriftsteller hervorbringen kann, und das ist der Faschismus. Denn der Faschismus ist eine von Raufbolden proklamierte Lüge. Ein Schriftsteller, der nicht lügen will, kann unter dem Faschismus nicht leben und arbeiten.«

Kein Mensch konnte von ihm erwarten, daß er bei der Affenhitze in der Carnegie Hall auch noch seines russischen Übersetzers, des Schriftstellers Iwan Kaschkin gedachte, der in einer anderen, nicht lügenden Schriftstellern auch wenig bekömmlichen Diktatur liquidiert worden war.

»Du warst großartig, Pig«, flüsterte ihm Martha zu, während sie ihn trockenrieb wie einen Boxer nach der zwölften Runde. (Den Kosenamen »Ferkel«, den er nicht besonders gern hörte, hatte sie sich in Spanien angewöhnt.) Und an ihre Brieffreundin Eleanor Roosevelt berichtete sie: »Er war erstaunlich gut und so einfach und aufrichtig . . . Er hat meinen Glauben gerechtfertigt, daß er seinen Ruf für eine Sache einsetzen würde, die größer ist als seine eigene.«

Vor seiner Heimfahrt nach Key West wollte Ernest bei Max Perkins vorbeischauen, um sich zu verabschieden und zu hören, was Perkins, dessen Urteil für Ernest weit über literarische Belange hinaus wichtig war, über seinen Auftritt in der Carnegie Hall zu sagen hatte. Er konnte nicht ahnen, daß sich ihm in dem feinen Büro des Verlagshauses Gelegenheit bieten würde, mit Max Eastman abzurechnen, der vor drei Jahren unter dem höhnischen Titel »Bulle am Nachmittag« Hemingways Stierkampfbuch mit falschen Haaren auf einer Männerbrust verglichen hatte.

Eastman saß im tiefen Ledersessel, als Ernest das Büro betrat, artig den erschrockenen Perkins begrüßte, den Rock auszog, das Hemd aufriß und die behaarte Brust Eastman vor die Nase reckte. »Faß an, Itzig. Sind die etwa nicht echt?« Der, auch nicht der Schwächste, tat es. Bei der nun folgenden filmreifen Prügelei konnte Perkins nicht entscheidend eingreifen, aber anschließend führte er die beiden Erschöpften und leicht Lädierten zum Dinner. Ernest erzählte, daß er in einigen Wochen wieder nach Spanien fahren werde und dort an der »Fünften Kolonne« arbeiten wolle. Er hoffe, das Manuskript noch in diesem Jahr Perkins vorlegen zu können. Außerdem habe er einen Bürgerkriegsroman fest in seinem Kopf. Damit wären's dann vier Bücher, die er Spanien verdanken könne, darunter – grimmiger Blick auf Eastman – »Tod am Nachmittag«.

Ende August traf Hemingway, geplagt vom schlechten Gewissen, seine Vorbereitungen für die zweite Reise nach Spanien. In Key West war wieder einmal Hurrikan-Stimmung. Pauline wollte diesmal unbedingt mit; sie sah darin, sicher nicht zu Unrecht, die letzte Chance für ihre Ehe. Doch Ernest winkte ab. Was solle aus den Kindern werden, wenn Vater und Mutter sinnlos in einem fünftausend Meilen entfernten Krieg umkämen. Ob sie das verantworten könne?

Diesmal klappte es mit der Verabredung in Paris. Martha und Ernest verbrachten noch einige schöne Spätsommertage an der Seine und fuhren am 10. September zusammen nach Madrid. Im zerrupften »Florida« waren ihre Zimmer frei, die unverdrossenen Bürgerkriegskorrespondenten Sefton Delmer und Herbert Matthews begrüßten sie mit fröhlichem Galgenhumor. Die Lage war alles andere als rosig. Franco beherrschte jetzt über zwei Drittel des Landes. Der erwartete Großangriff der Faschisten auf Madrid war bisher zwar ausgeblieben, damit mußte man jedoch jeden Tag rechnen.

Aber kümmerte sich Europa und der Rest der Welt überhaupt noch um den Spanischen Bürgerkrieg? Die ausländischen Zeitungen, die mit immer größerer Verspätung in Madrid eintrafen, brachten fast nur noch Berichte über die »Sudetenkrise«, über die Drohungen Hitlers, über die Bittgänge des britischen Premiers Chamberlain auf den Obersalzberg, über das unfaßbare Münchener Abkommen, das Hitler, Mussolini, Chamberlain und Daladier am 30. September unterschrieben, und schließlich über den Einmarsch deutscher Truppen im Sudetenland. Wen sollte da noch interessieren, daß etwa zur gleichen Zeit die XV. Brigade südlich von Saragossa das kleine Städtchen

Belchite gegen eine dreifache Übermacht zurückerobert hatte?

Martha erhielt von »Collier's« den Auftrag, möglichst schnell in die Tschechoslowakei zu reisen, was sie auf der Stelle tat. Ernest interessierte sich für Belchite. Er stapfte tagelang in Schutt und Asche des zerschossenen Städtchens herum. Er befragte Zivilisten und Brigadisten und Rebellen. Für den Anführer Major Merriman, der verwundet die Kathedrale erstürmt hatte, wurde sogleich ein Platz eingeräumt in Ernests Heldengalerie. Er brauchte das alles: Helden und Feiglinge, erstürmte Kathedralen und die Rebellen darin, die einzeln heraustreten mußten, um erschlagen zu werden. Er hatte ja noch viel vor mit diesem Krieg.

Eigentlich ganz gut, daß Martha sich in der Tschechoslowakei herumtrieb. Ablenkungen, insbesondere Liebe, konnte er sich jetzt nicht leisten. Mit der »Fünften Kolonne« kam er gut voran, wenn auch lustlos. Er spürte, daß er auf der Bühne nichts verloren hatte.

Ärger gab's jetzt nur mit der NANA-Agentur, bei der irgendwelche Buben, »wahrscheinlich verbohrte Katholiken«, an seinen Depeschen keinen Gefallen mehr fanden, darin herumstrichen oder sie gar liegen ließen. Für ihn war die Hauptsache, sie löhnten brav weiter.

Im Dezember taucht Martha wieder auf, nicht in der besten Verfassung. Die Erlebnisse in der Tschechoslowakei hatten sie ziemlich deprimiert, anschließend hatte sie in Amerika nochmals die Werbetrommel für die spanische Republik gerührt und dabei lächerliche zehntausend Dollar für Ambulanzwagen erbettelt. »Es ist zwecklos«, sagte sie. »Für die meisten Amerikaner sind die spanischen Republikaner Bolschewiken, und Bolschewiken sind Stalinisten, und Stalin ist gottlos und macht Schauprozesse. Dagegen steht Franco fein da.«

Ernest dachte an seine »Fünfte Kolonne« und an seinen Roman, Geschichten von Republikanern, und fand das Wetter in Madrid scheußlich. Der Winter hatte früh eingesetzt, die Sierra de Guadarrama war schon tief verschneit.

Sie nahmen Abschied vom »Florida« und seinen Bewohnern, übersiedelten nach Barcelona – noch hatten die Rebellen die Verbindung zwischen den Städten nicht unterbrochen – und feierten Weihnachten im »Majestic«. Martha fühlte sich krank und müde und wollte nach Hause. Im Frühjahr, das versprach sie ihm, werde sie ihn in Havanna besuchen. In Paris machte sie eine kurze Zwischenstation und wäre beinahe Pauline über den Weg gelaufen.

Sehnsucht und Eifersucht trieben Pauline, als sie sich auf den Weg machte, um ihren Mann zu Weihnachten in Spanien zu überraschen. Bis Paris ging natürlich alles glatt, aber von dort kam sie nicht weiter. Ihr schöner Plan scheiterte an idiotischen Visa-Bestimmungen. So saß sie Weihnachten allein im »Elysee«. Nichts mehr wollte ihr gelingen, alles ging schief. Es blieb ihr nichts anderes übrig, als Ernest ein Kabel nach Spanien zu schicken, und das war wie ein Hilferuf.

Klägliches Ende einer Ehe. In den drei, vier Tagen, die sie noch in Paris verbringen mußten, bis sich eine Kabine auf irgendeinem Schiff fand, gab es nichts als Gift und Galle und Demütigungen. Als Pauline Anstalten machte, aus dem Fenster zu springen, fragte er ungerührt, ob sie deswegen nach Paris gefahren sei, das hätte sie doch auch zu Hause erledigen können.

Endlich bekamen sie Plätze auf einem Schiff für die Heimreise, ausgerechnet auf der »Gripsholm«, auf dem schönen Schiff, mit dem sie vor sechs Jahren nach der glücklichen Safari nach Hause gefahren waren.

»Finca Vigia«

Bei ihrem ersten Besuch in Havanna war Martha entsetzt über die äußeren Umstände, in denen sie Ernest antraf. Er hatte sich im Hotel »Ambos Mundos« ein kleines Zimmer im ersten Stock gemietet, ohne Bad, ohne Dusche, ohne jeden Komfort.

Die Bude war vollgestopft mit Angelgeräten und Schiffsausrüstungen, Zeitungen und Bücher lagen auf dem Boden herum oder stapelten sich auf dem nicht sehr einladenden Bett, und er selbst hockte halbnackt vor einem Tisch, auf dem die uralte »Corona« aus Hadleys Zeiten die ganze Fläche einnahm.

»Ich bin wirklich nicht abnormal sauber«, erzählte sie später der Biographin Bernice Kert. »Ich bin oft an Orten gewesen, wo auch nur ein kleines bißchen Sauberkeit ein Problem war. Aber Ernest war extrem schmutzig, einer der anspruchslosesten Männer, die ich je gekannt habe.«

Martha dachte nicht daran, sich mit ihrem »Pig« in dieser Bruchbude einpferchen zu lassen. Gleich am nächsten Tag machte sie sich mit einem Makler auf die Suche nach einem Haus. Am Rande des Vorortes San Francisco de Paula, etwa zwanzig Kilometer vom Stadtzentrum entfernt, fand sie inmitten eines verwilderten Farmlandes die bald vielgerühmte, von zahllosen Gästen und Bewunderern besuchte »Finca Vigia«, von der aus sich nach Westen ein wunderbarer Blick auf Havanna auftat und im Süden aufs Meer. Auch ein Swimmingpool, versteckt unter mannshohem Unkraut, war vorhanden. Hundert Dollar monatlich sollte das verwahrloste Paradies kosten.

Ernest maulte. Er scheute die Kosten, den Ärger mit den Handwerkern, das zu erwartende Durcheinander, die Störung bei seiner Arbeit. Außerdem läge die Finca zu weit weg von der Stadt. Erst als er feststellte, daß die »Floridita-Bar«, zum Verwechseln ähnlich der »Sloppy Joe's« in Key

West, leicht zu erreichen war, willigte er ein, lichtete die Anker seiner »Pilar« und überließ alles andere Martha, einschließlich der Renovierungskosten.

Martha war bereit, fünfhundert Dollar zu investieren. Da sie nicht verheiratet waren, wollte sie sich damit sozusagen ein Wohnrecht erkaufen. Die Haushaltskosten wurden sowieso geteilt, bis auf seinen enormen Alkoholkonsum. Klare Abrechnung auf Heller und Pfennig war bei ihnen üblich; das war in Spanien so, auf allen Reisen, in jedem Hotel. In all den Jahren war ihm nie eingefallen, Martha mit einem Geschenk zu überraschen, etwa mit einem Schmuckstück oder sonstigem Firlefanz, und sie erwartete auch nichts. Überhaupt, das Gefühl, finanziell von ihm abhängig zu sein, hätte sie krank gemacht.

Zum Einstand brachte Ernest zwei Kätzchen ins Haus. Er liebte Katzen, die einzigen Lebewesen, die sich ihm ungestraft nähern durften, wenn er über seinen wahren Wörtern und Sätzen brütete. Und die Katzen liebten ihn. Sie sprangen auf seinen Schoß, ließen sich kraulen und rührten sich nicht, bis ihm die Beine einschliefen. Die Kätzchen fühlten sich wohl in der »Finca Vigia«, wuchsen zu Katzen heran und vermehrten sich hemmungslos.

Sein Roman war auf sechsundsiebzigtausend Wörter angeschwollen, als sie Mitte August Kuba verließen. Sun Valley, Idaho, inmitten der Rocky Mountains gelegen, versprach Erfrischung und Erholung. In der nicht weit entfernten Nordquist-Ranch wollte Ernest sich mit Martha nicht sehen lassen, da rieche es noch zu sehr nach Pauline, sagte er, und der alte Schwede nähme ihm die Trennung von ihr sicher übel. Außerdem, Sun Valley war ganz was Neues und sehr Feines. Averell Harriman – Großindustrieller, Politiker, Berater des Präsidenten, ab 1942 US-Botschafter in Moskau – war mitten in der Wirtschaftskrise auf die geniale Idee gekommen, daß den Amerikanern das Skilaufen schmackhaft gemacht werden müsse. Das kleine Dorf Sun Valley schien dazu wie geschaffen. Im Sommer und Herbst konnte man hier wandern, reiten, jagen, fi-

Es blieb Martha nicht erspart – auch sie
mußte das Schießen erlernen und ihren Mann bei
seinen Jagdausflügen begleiten

schen. Luxuriöse Hotels und Chalets wuchsen aus dem Boden, ein St. Moritz auf amerikanisch konnte in einer großen Werbekampagne angepriesen werden. Was jetzt noch fehlte, waren prominente Gäste. Averell Harriman verstand sein Geschäft und hieß das berühmte Schriftstellerpaar Ernest Hemingway und Martha Gellhorn herzlich willkommen. Der Filmstar Gary Cooper und seine Frau waren auch schon da. Der Blick aus der Suite im ersten Stock der »Sun Valley Lodge« war eine Pracht, die französische Küche exzellent, im Marschland des Silver Creek flatterten Stockenten und Fasane herum, Martha lernte Schießen und Angeln, und die Coopers entpuppten sich als reizende Leute – und das alles konnte unbeschwert genossen werden, weil hinterher keine Rechnung wartete. Man mußte sich nur ab und zu fotografieren lassen und die lästigen Fragen der Journalisten beantworten. Ob das Gerücht zuträfe, daß Mister Hemingway die Absicht habe, sich scheiden zu lassen? Ob er Miss Gellhorn heiraten werde? Wann mit seinem neuesten Buch zu rechnen sei? Ob er jetzt in Kuba seinen festen Wohnsitz habe? Etwa aus steuerlichen Gründen?

An einem dieser schönen Tage kam aus Europa die Nachricht, daß der Krieg ausgebrochen sei. Drei Monate später fuhr Martha im Auftrag von »Collier's« auf einem kleinen belgischen Dampfer nach Finnland. Die Sowjetunion hatte das Land überfallen, ein kleines, tapferes Volk wehrte sich in den verschneiten Wäldern und Sümpfen gegen die gigantische Übermacht. Da mußte Martha dabeisein.

*

»Dieses Buch wird man dir aus der Hand reißen wie einen eisgekühlten Daiquiri in der Hölle«, prophezeite Hemingway siegessicher, als er im Sommer 1940 sein Manuskript in New York bei Maxwell Perkins abgab. Der Titel war Ernest buchstäblich in der letzten Stunde eingefallen: »Wem die Stunde schlägt«. Die Widmung lautete: »Dieses Buch ist für Martha Gellhorn«.

Ganz so sicher war sich Perkins seiner Sache nicht. Hitlers Armeen stampften unaufhaltsam Europa nieder, von Norwegen über Frankreich bis hinunter nach Griechenland hatten alle Länder kapituliert, England erwartete täglich eine Invasion, deutsche Kampfflugzeuge beherrschten den Luftraum, U-Boote den Ozean. Wollte da noch jemand einen Roman über den Spanischen Bürgerkrieg lesen?

Perkins druckte das Buch trotz aller Bedenken und konnte zehn Tage nach seinem Erscheinen den Verkauf von zwanzigtausend Exemplaren an die »Finca Vigia« melden. Ein Riesenerfolg zeichnete sich ab. Die Zahlen kletterten rapid auf eine halbe Million, ein Ergebnis, das nur noch von »Vom Winde verweht« übertroffen wurde. Hollywoods Paramount Pictures bot für die Verfilmungsrechte einhundertdreißigtausend Dollar, Gary Cooper und Ingrid Bergman würden die Hauptrollen übernehmen.

Die Kritiker spitzten die Federn und schrieben nahezu einhellig Lobeshymnen. »Die Liebesszene zwischen Jordan und Maria ist das Beste, was die amerikanische Literatur auf diesem Gebiet hervorgebracht hat«, hieß es. Oder: »Dieser Roman besitzt die gleiche stärkende Wirkung wie ein Cognac.« Der »New Yorker« lobte die »Stärke und Brutalität, gepaart mit einem hohen Grad an Zartheit«.

In der Zeitschrift »The New Republic« war allerdings zu lesen, daß Maria den gefügigen Eingeborenenfrauen Kiplings gleiche, die nur leben, um ihren Herrn zu dienen. In der Schlafsackszene fehle völlig jenes »Geben und Nehmen«, das zwischen richtig Liebenden stattfinde, wie es ja überhaupt bei Hemingway nur zwei extreme Frauentypen gäbe: entweder sie sind beherrschende, tödliche Frauen wie Brett Ashley (»Fiesta«) und Margot Macomber oder aufopfernde Heilige wie Catherine (»In einem andern Land«) und Maria (»Wem die Stunde schlägt«).

Am 4. November 1940, zwei Wochen nach dem Erscheinen des Buches, verbreitete die Nachrichtenagentur »Associated Press« die Meldung, daß der Schriftsteller Ernest Hemingway von seiner zweiten Frau Pauline, gebürtige

Pfeiffer, wegen »böswilligen Verlassens« geschieden worden sei. Die Kinder Patrick und Gregory seien der Mutter zugesprochen worden. Der Vater müsse monatlich fünfhundert Dollar zahlen. Das ärgerte ihn schon ziemlich. Fünfhundert Dollar jeden Monat an eine Frau, deren Vater riesige Ländereien besitzt und deren Onkel auf vierzig Millionen Dollar geschätzt wird, während ihm, dem einsamen, um jedes Wort ringenden Schriftsteller vom Staat über fünfzig Prozent seiner Einkünfte weggefressen werden.

Am 21. November 1940 fuhren Martha und Ernest von Sun Valley nach Cheyenne, Wyoming, und ließen sich vom Friedensrichter trauen. Auf einen kirchlichen Segen legte Martha »nach vier glücklichen Jahren in Sünde« keinen Wert.

Dafür wünschte sie sich eine Hochzeitsreise nach China, dort gab es ja auch Krieg.

Dritter Krieg und vierte Frau

»Ich habe eine Frau geheiratet, die halb
deutsch, halb irisch ist, das ergibt eine grausame
Mischung, aber eine reizende Frau«,
schrieb Ernest über Mary Welsh

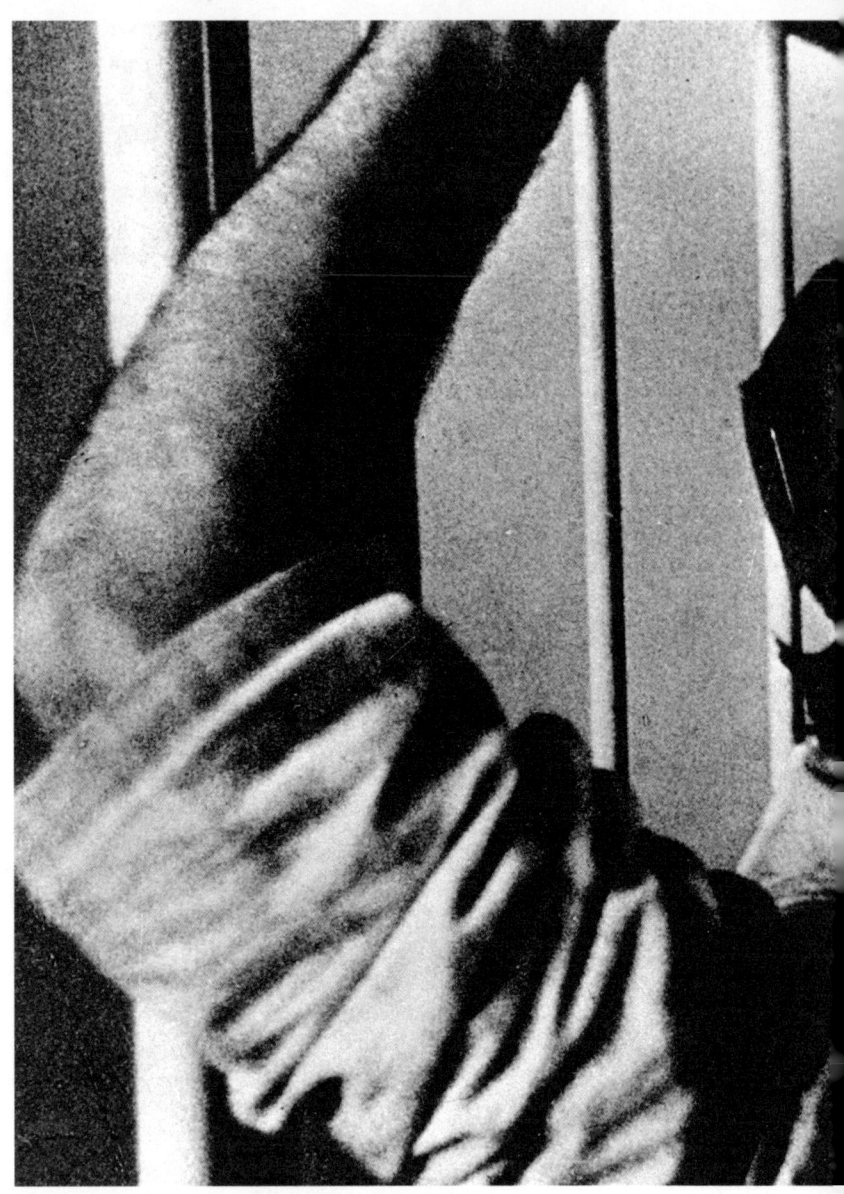

Gleich nach seiner Ankunft in London im Mai 1944
erlitt Ernest bei einem Unfall eine Gehirnerschütterung.
Fast hätte er die Invasion verpaßt

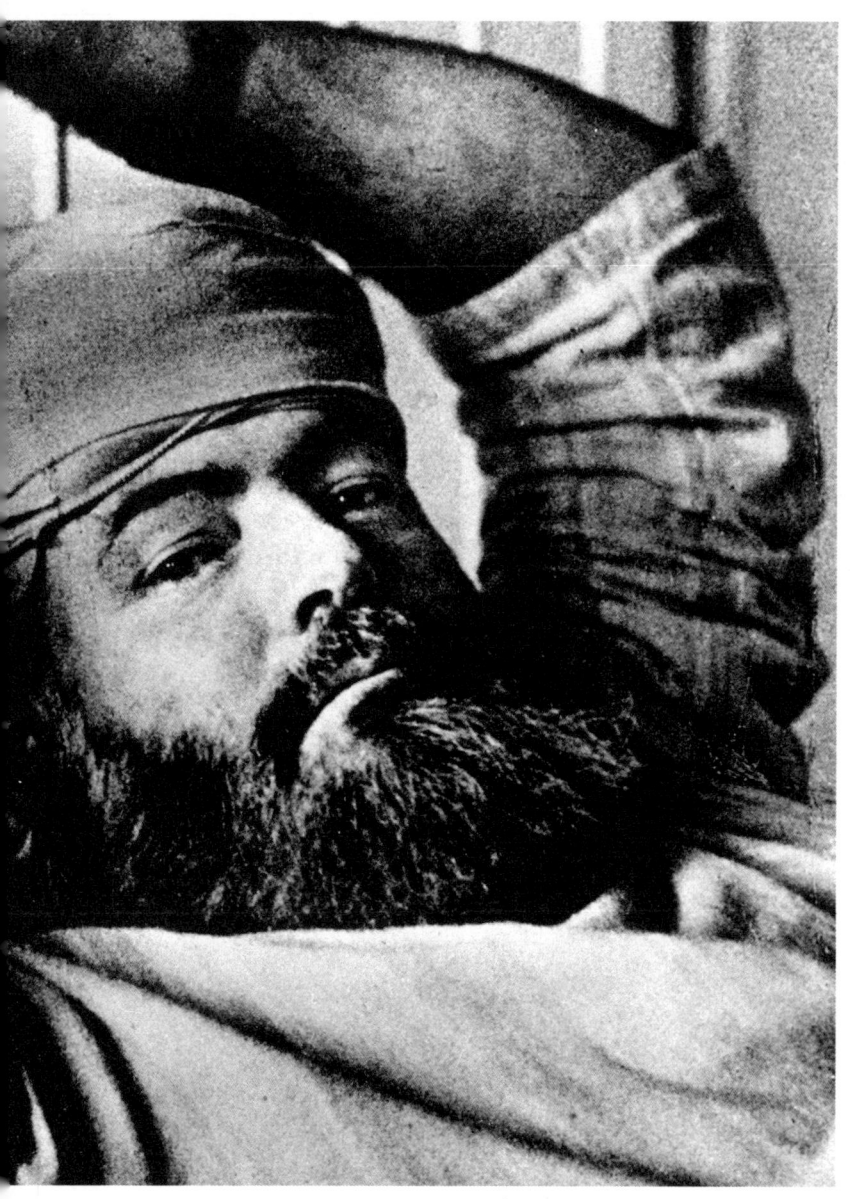

Einen Luftangriff auf die Abschußrampen
der deutschen V-1-Raketen in Nordfrankreich mußte
Ernest unbedingt mitmachen

Im Hürtgenwald mit Oberst Lanham. »Hemingway war
immer dort, wo es heiß herging. Ein Vater der einfachen
Soldaten, ein älterer Bruder der Offiziere«

Er nannte sie, nicht sehr charmant, »Kraut«, und
Marlene Dietrich ließ es sich gefallen. Für sie war er »der
faszinierendste Gesellschafter, den's gibt«

Alle kennen Dich und wollen, daß Du kommst, und es wäre ganz besonders wundervoll für mich . . . Der Schauplatz schreit geradezu nach Dir . . . Es wäre ein schrecklicher Fehler, das hier zu verpassen, für uns beide. Ich wäre auch nicht imstande, es Dir zu erzählen, weil ich niemals die Dinge unternehmen könnte, die Du unternehmen kannst. Du wärst derjenige, der für uns beide sieht.«

Merkwürdige Situation: Eine Frau versucht, ihren Mann in den Krieg zu locken, den sie seit Monaten freiwillig miterlebt. Martha glaubt zu wissen, wie sie Ernest nach mehreren vergeblichen Versuchen doch noch von seiner »Finca Vigia« in Kuba loseisen kann. In ihrem Brief vom 12. 12. 1943, geschrieben in London, appelliert sie an sein Gewissen, an seinen Auftrag als Schriftsteller, als zeitgenössischer Romancier, der den Zweiten Weltkrieg nicht »verpassen« darf. Gleichzeitig bringt sie ihre Person ins Spiel, die Sehnsucht der Frau nach ihrem Mann und – in Anspielung auf Spanien – nach gemeinsamen Erlebnissen. Was bezweckt sie damit? So paradox es auch sein mag: aus tiefer Sorge um sein physisches und psychisches Wohlergehen will sie ihn den Gefahren eines Krieges aussetzen. Krieg als Therapie. Sie weiß zu genau, was sich da unten in der tropischen Hitze abspielt, sie hat lange genug mit ansehen müssen, wie er sich kaputtmacht, Unmengen von Daiquiris in sich hineingießt, verlottert in seiner verblichenen Badehose mit dem verschwitzten Guayabera-Hemd darüber durch die Straßen Havannas schlendert, in der »Floridita«-Bar sich in der »Papa«-Rolle gefällt, blödsinnige Weiber- und Kriegsgeschichten zum besten gibt und betrunken auf dem Fußboden seiner Finca einschläft, so daß die Katzen im Gestrüpp seines Bartes Mäusefangen spielen können.

Das alles war nicht so schlimm, solange er vor einem Manuskript saß und nichts auf dieser Welt ihn davon abhalten konnte, am frühen Morgen Bleistifte zu spitzen und nach vier, fünf Stunden die Anzahl der zu Papier gebrachten Wörter ebenso penibel und befriedigt zusammenzuzählen wie die Zahlen auf seinen Kontoauszügen. Aber jetzt? Die literarische Ernte des Jahres nach »Wem die Stunde schlägt« war dürr. Und seit der Katastrophe von Pearl Harbor, seit dem Eintritt Amerikas in den Krieg, hatte er nichts anderes im Kopf als seine private U-Boot-Jagd mit der »Pilar«.

Ernests Stunde hatte geschlagen, als hin und wieder vor Kuba deutsche U-Boote gesichtet wurden, die angeblich Agenten auf der Insel absetzten. Es gelang ihm, den amerikanischen Botschafter auf Kuba und den Chef des Marine-Nachrichtendienstes davon zu überzeugen – wer konnte Hemingway widerstehen? –, daß er mit seiner »Pilar« wirksam in das Kriegsgeschehen eingreifen könne, vorausgesetzt, sein Schiff würde entsprechend ausgerüstet. Das geschah. Drei schwere Maschinengewehre, ein Haufen Granaten, in Eierkisten verpackt, und ein empfindliches Funkgerät wurden an Bord gebracht, und Ernest musterte acht seiner ergebensten Kumpane als Bordschützen, Maschinisten und Funker an. Es fehlte nicht viel, und er hätte sich eine Admiralsmütze aufgesetzt. Dann ging's los, tagsüber Patrouillenfahrten, nachts die Saufgelage, mal hier, mal dort, wo man gerade vor Anker lag. Oft genug in der »Finca Vigia«.

Was war das nun? Eine Ersatzhandlung, Flucht vor dem leeren Schreibpult, knabenhafter Spieltrieb oder – Marthas nüchterne Einschätzung – die einzige Möglichkeit, in unbeschränkten Mengen an den in Kuba rationierten Treibstoff heranzukommen, um mit der »Pilar« große Fische fangen zu können?

Martha jedenfalls machte das Spiel nicht lange mit. Sie mietete eine Schaluppe mit drei jungen Negern und verschwand allein für drei Monate auf sogenannten Forschungsreisen in der karibischen Inselwelt. Weiß der Himmel, was in Frauen manchmal so vorgeht. Danach bereiste sie der Reihe nach die südamerikanischen Staaten. Immer im Auftrag von »Collier's«. Ihre Berichte fand selbst Hemingway »verdammt gut«. Wenn sie mal zwischendurch nach Hause kam, sah sie traurig dem Treiben Ernests zu, machte auch einige U-Boot-Jagden mit, wobei die Mahnung: »Du solltest dich mal waschen, Pig!« die zärtlichsten Worte waren, die Ernest an Bord zu hören bekam. Im Spätherbst 1943 schickte sie ihre ersten Berichte aus London an »Collier's«. Hier, in dieser vom Krieg heimgesuchten Stadt, in dieser Atmosphäre von Pflicht und Disziplin, würde Ernest wieder zur Vernunft kommen und sicher auch den Stoff für ein neues Buch finden – dachte sie.

Er aber kam nicht. »Ich werde Dich nicht mehr drängen, zu kommen . . . Ich denke, Du wirst es bereuen. Es ist ein großer Verlust für alle, die Dich brauchen und lesen . . . aber ich will nicht wieder davon anfangen . . .« schrieb sie, bevor sie über Nordafrika, Sizilien nach Süditalien fuhr. Dort lieferten sich gerade Engländer, Polen, Amerikaner und deutsche Fallschirmjäger um die Benediktinerabtei Monte Cassino eine mörderische Schlacht.

In Neapel erreichte sie ein Telegramm: »Bist Du Kriegskorrespondent oder Ehefrau in meinem Bett?«

Letzteres war sie noch einmal im Frühjahr 1944, ihr letzter Aufenthalt auf der »Finca Vigia«. Ihr Herz hing nicht daran, und Ernest machte ihr den Abschied von dem Haus nicht schwer. Ein Hemingway, der sich nicht bei den Gestalten seiner Phantasie austoben konnte, war sicher schwer zu ertragen. »Ich wurde nicht mit liebender, zärtlicher Fürsorge empfangen, obwohl ich völlig erschöpft ankam. Der Flug von Tanger im eiskalten Aluminiumbauch eines Bombers mit ein paar kranken GIs an Bord, die nach Hause geschickt wurden, war schlimm genug. Aber Ernest fiel sofort wie ein Rasender über mich her, das ist nicht übertrieben . . . Ich sei wahrscheinlich wahnsinnig, ich wolle nur Aufregung und Gefahr, ich hätte kein Verantwortungsgefühl, niemandem gegenüber, ich sei unglaublich egoistisch . . .« War sie das nicht?

Zu ihrer Überraschung erklärte er sich plötzlich bereit, mit ihr nach Europa zu fahren. Er werde zwar diesmal im Krieg sicher umkommen, aber sie wolle es ja so haben – also bitte, worauf warten wir noch!

In New York zeigte er Martha noch einmal, wie gehässig er Frauen gegenüber sein konnte. Ernest Hemingway, zur Stunde der berühmteste Schriftsteller Amerikas, wäre von jeder Zeitung mit Kußhand als Kriegskorrespondent engagiert worden; aber nein, er bot sich ausgerechnet »Collier's« an. Natürlich wurde er genommen, und damit rutschte Martha automatisch auf den zweiten Rang.

Grinsend setzte er sich auf den einzigen Platz, über den »Collier's« in einem Flugzeug nach London verfügte, und Martha durfte zusehen, wie sie rüber kam.

Wie sich doch Anfang und Ende ihrer Geschichte glichen. Vor genau sieben Jahren war er von Paris nach Barcelona in den Krieg geflogen, während sie zu Fuß über die Pyrenäen hinterherlaufen mußte – jetzt flog der Herr auf ihrem Platz nach London, und sie schaukelte über den Atlantik auf einem stinkigen Seelenverkäufer, in dessen Kombüse ein Sadist beschäftigt war. Da weit und breit keine »Pilar« zu sehen war, attackierte ein U-Boot den Konvoi.

Ernests Empfang in London war berauschend, in des Wortes tiefstem Sinn. Alle waren sie da, die alten Kämpen aus dem Spanischen Bürgerkrieg: Herbert Matthews und Sefton Delmer und Robert Capa, der »Life«-Fotograf, und wie sie alle hießen. Dazu kamen alte, fast vergessene Freunde aus Paris, die sich vor den Nazis in London in Sicherheit gebracht hatten. Jede Stunde konnte im Hotel »Dorchester« ein Wiedersehen gefeiert werden.

Auch neue Gesichter gesellten sich zu dem Kreis. Irwin Shaw, ein junger Schriftsteller und Drehbuchautor, erschien in Begleitung einer schönen, blonden Frau, die Ernest als Mary Welsh vorgestellt wurde. Sie sei »Time«-Korrespondentin, plauderte sie munter. Er aber kam mit seinen glasigen Augen nicht los von den erstaunlichen Rundungen ihres Pullovers und fühlte sich in seine früheste Kindheit verzaubert, in die weichen Arme von Mama Grace. »Ich werde sie heiraten«, sagte er laut. »Er muß sehr betrunken gewesen sein«, schrieb Mary Jahrzehnte später in ihren Memoiren (»Wie es war«).

Robert Capa gab in seiner Wohnung eine Party. Für jeden, der dazu erschien, konnte es die letzte sein. Wilde Gerüchte über die lang erwartete Invasion erhitzten die Gemüter. Whisky war reichlich vorhanden.

Auf der Heimfahrt, tief in der Nacht durch verdunkelte Straßen, krachte der Wagen, mit dem ein Dr. Gozer den sturzbetrunkenen Hemingway ins »Dorchester« bringen wollte, auf einen Laster. Verletzungen an den Knien, lädierte Nase, Platzwunde auf dem Schädel, schwere Gehirnerschütterung. Die wievielte?

Martha kam, krank vom Atlantik und von dem Fraß an Bord, in Liverpool an, fuhr nach London, schleppte sich und den Koffer ins »Dorchester«; doch richtig speiübel wurde ihr erst, als sie vom Portier erfuhr, daß Mister Hemingway im St. George Hospital läge, schwer verletzt bei einem Autounfall.

Als sie dann die Tür zum Krankenzimmer öffnete und die Männer sah, die überall herumsaßen, auf Tisch und Stühlen und Fensterbänken, jeder mit einem Glas in der Hand, und ihren »Pig« im Bett, Flasche in der Faust, verquollene Nase, breites Grinsen, riesiger Turban aus Mull auf dem Schädel, da brach sie in ein schrilles, hysterisches Gelächter aus.

»Jetzt hab' ich genug von dir«, schrie sie vor Zeugen. »Du bist frei, absolut frei. Ich sage mich los von dir.«

Schon tags darauf betrat, mit einem großen Strauß Tulpen im Arm, Mary Welsh das Zimmer und beugte sich tief übers Bett.

»Großer Gott«, stöhnte er leise in die Kissen, »nicht wieder eine Journalistin.«

Mary: »Papas Taschen-Rubens«

Anders als Hadley, Pauline und Martha kam Mary Welsh aus einem ganz bescheidenen Stall, genauer gesagt aus einem Blockhaus. Das stand am Ufer des Leech Lake in Minnesota, umgeben von endlosen Wäldern, knappe zehn Meilen vom nächsten Dorf entfernt. Marys Vater war Holzfäller, besaß aber auch ein schönes Stück Wald, und im Sommer schipperte er auf seinem uralten Dampfer, Typ Mississippi-Boot, mit Touristen über den See. Die Mutter Adeline stammte aus dem Rheinland, war fromm und fröhlich und wie geschaffen für das einfache Leben im wilden Mittelwesten.

Mary kam 1908 zur Welt, im selben Jahr wie Martha. In ihren Memoiren (»Wie es war«) schwärmt sie von ihrer idyllischen Kindheit am Leech Lake. Der robuste, aber völlig ungebildete Vater, ermöglichte seiner einzigen Tochter immerhin den Abschluß einer High School und anschließend den Besuch einer Lehrerbildungsstätte in Chicago. Dort belegte Mary nebenbei einen Journalistenkursus und machte sich als tüchtiges, lebenslustiges, knuddeliges Mädchen daran, die Welt jenseits der Wälder zu erobern. Die frühe Ehe mit einem Jugendfreund brachte sie darin nicht viel weiter; folglich ließ sie sich nach anderthalb Jahren scheiden und wurde Redakteurin bei der Chicagoer »Daily News«, bei der übrigens zu der Zeit Hadleys zweiter Mann Chefredakteur war.

Als knapp Zwanzigjährige finanziert sich Mary von ihrem Ersparten die Überfahrt nach London, einfach so, auf gut Glück. Und es dauerte nicht lange, da gelang es ihr, bis ins Allerheiligste des Londoner Pressezars, Lord William Maxwell Beaverbrook, vorzudringen, vorbei an allen Vorzimmer-Zerberussen. Ohne Umschweife bat sie den alten, asthmatischen, erzkonservativen Lord – bald sollte er Churchills Luftwaffenminister werden – um einen Job bei seinem »Daily Express«, damals immerhin die größte Tageszeitung der Welt. Seine Lordschaft hingegen wollte sie, nach kurzer Musterung, vom Fleck weg als Vorleserin engagieren; er beabsichtige eine längere Reise an den Nil zu unternehmen, sagte er. So weit mochte Mary nun doch nicht gehen. Nach einigem Hin und Her landete sie dann tatsächlich beim »Daily Express«, wo sich mehrere junge Kollegen ihrer hilfreich annahmen. »Der Reihe nach Liebhaber, ohne Punkt und Komma«, urteilte ein gewisser Bill Walton gehässig. Einen anderen Kollegen namens Noel Monks heiratete Mary kurz vor Kriegsausbruch und wechselte beruflich ins Londoner Büro des New Yorker Time-Life-Konzerns über.

Als sich Mary im Mai 1944 im St. George Hospital über das Bett Hemingways beugte, lag ihre Ehe mit Noel Monks schon längst auf Eis.

Nach den dürren, von Schwangerschaftsängsten verklemmten Jahren mit Pauline, nach der entsagungsreichen Ehe mit der rasenden Reporterin Martha muß die anschmiegsame Mary Ernest wie eine Maria im Schlafsack erschienen sein: Alle Lebensgeister wurden wach, er machte sogar wieder Gedichte: »To Mary in London«. Und als sie sich näherkamen, nannte er sie zärtlich »Papas Taschen-Rubens«.

Und da gab es ja auch noch den Krieg. »D-day«, der »längste Tag«, brach an in der Nacht vom 5. zum 6. Juni 1944. Die größte Kriegsmaschinerie aller Zeiten, die amerikanisch-englische Invasionstruppe, setzte sich in Bewegung, zu Wasser, zu Lande und in der Luft.

Ernest sprang aus seinem Bett im St. George Hospital, ließ die protestierenden Ärzte protestieren und erreichte gerade noch rechtzeitig den Truppentransporter »Dorothea M. Dix«, dem er als Kriegsberichter zugewiesen worden war. Kopf und Knie schmerzten fürchterlich, die Nase nicht mehr so sehr.

Gemächlich pflügte die riesige Flotte die bewegte See. Im Morgengrauen kam die französische Küste in Sicht. Ernest beobachtete mit seinem alten Zeiss-Feldstecher die amerikanischen Schlachtschiffe »Texas« und »Arkansas«, die Salve auf Salve abfeuerten, »als schmissen sie ganze Güterwaggons in den Himmel«, und er sah die Zerstörer, »die fast an den Strand herangekommen waren und einen der runden Maschinengewehrbunker nach dem andern in die Luft jagten . . . und das Stück eines deutschen Verteidigers mitsamt dem Arm dran in der Fontäne einer krepierenden Granate hochwirbeln . . . und den Strand, auf dem so weit das Auge reichte die Toten der ersten sechs Angriffswellen wie Strandgut herumlagen.«

Das war's dann. Ernest mußte mit dem leeren Transporter zurück nach England. Kurz danach erfuhr er, daß es Martha gelungen war, auf einem Lazarettschiff nach Frankreich zu gelangen, und daß sie sich noch drüben befand. Das konnte er ihr nie verzeihen.

Dafür zwängte er sich auf den engen Kopilotensitz eines zweimotorigen »Mitchell«-Bombers. Es hatte seiner ganzen Überredungskunst bedurft, um bei einem Einsatz auf die Abschußrampen der deutschen V-1-Raketen mitgenommen zu werden. Da die Deutschen in dieser Rakete eine Wunderwaffe sahen, mit der sie London terrorisieren und vielleicht sogar zur Aufgabe zwingen wollten, wurden die Abschußrampen von der Flak massiv abgeschirmt. In wenigen Tagen gingen vierzig Maschinen der Angreifer verloren, über vierhundert wurden beschädigt.

»Hemingway schien an dem Feuerwerk von Explosionen um uns großen Gefallen zu finden und drängte mich, nach dem Bombenabwurf das Ziel noch mal zu überfliegen, was ich natürlich ablehnte«, berichtete hinterher der Pilot.

Ein andermal setzte er sich wie ein Rübezahl in einen der schnellen, noch engeren zweisitzigen »Mosquito«-EGX-Jäger, mit denen versucht wurde, die anfliegenden Raketen abzuschießen, bevor sie ihr Ziel erreichten. »Wir fanden uns in einem Strom von V-1-Raketen wieder, die von den Deutschen abgefeuert worden waren . . . Dabei gerieten wir in das Sperrfeuer der eigenen Geschütze« (Hemingway).

**In seiner liebsten Rolle. Umringt von GIs
zaubert Ernest Geschichten und Episoden aus seinem
unerschöpflichen Reservoir**

Wer befreit Paris?

Seinen fünfundvierzigsten Geburtstag am 21. Juli konnte Ernest endlich auf normannischem Boden feiern. Es war kein großes Fest. Die 4. Infanteriedivision, der er sich angeschlossen hatte, befand sich auf zügigem Vormarsch in Richtung Paris. »Ich habe eine rauhe, herrliche Zeit bei der Infanterie«, schrieb er an Mary Welsh nach London. Und in jedem Brief strickte er geschickt an der Hemingway-Saga ein paar Maschen weiter. Hübsche kleine Übertreibungen, was ist schon dabei.

Aber für die Geschichte mit dem Motorrad gab es einen nüchternen Zeugen. Rein zufällig war der »Life«-Fotograf Bob Capa in der Normandie auf Hemingway gestoßen. Ernest nahm den Freund aus spanischen Zeiten und Gastgeber der verhängnisvollen Party in London auf seinem erbeuteten deutschen Motorrad mit. Hemingway saß im Beiwagen, Capa auf dem Soziussitz hinter dem Fahrer, der ihnen von der Truppe zur Verfügung gestellt worden war. Gesucht wurde das Hauptquartier des Oberst Lanham, mit dem sich Ernest in der kurzen Zeit schon angefreundet hatte. Sie verfuhren sich und standen hinter einer Kurve plötzlich vor einer deutschen Panzerabwehrkanone. Die drei hechteten zu beiden Seiten in den Straßengraben, Ernest mit dem Kopf voran – rums auf einen Meilenstein. Rasende Schmerzen in dem malträtierten, von der letzten Gehirnerschütterung noch nicht geheilten Schädel. Stundenlang mußten sie im Graben regungslos liegenbleiben. Erst bei Einbruch der Dunkelheit zogen die Deutschen mit ihrer Kanone ab. »Hemingway machte mir hinterher irre Vorwürfe. Ich hätte nur darauf gewartet, das erste Bild von dem toten Schriftsteller schießen zu können« (Capa).

Und an Mary berichtete Ernest: »Ich pinkle Blut und sehe alles doppelt.« Diesmal ohne Übertreibung.

Wo ist der kürzeste Weg nach Paris?
Ernest mit einem französischen Widerstandskämpfer
in der Normandie im Sommer 1944

Doch das hinderte ihn nicht, die »rauhe, herrliche Zeit« weiter zu genießen. Er tat, was ihm gefiel, scherte sich einen Dreck um die Vorschriften oder gar um die Genfer Konvention, die Kriegsberichtern die aktive Beteiligung am Kampfgeschehen strikt untersagt, führte seinen Privatkrieg und eroberte sich, wie in Madrid, einen Sonderstatus mit Privilegien, die alle anderen Korrespondenten im Umkreis zur Weißglut brachten. Nur die Militärs waren hundertprozentig auf seiner Seite, sie bewunderten Hemingway. General Barton bescheinigte ihm »außerordentliche Sachkunde in militärischen Angelegenheiten und echten Kundschafterinstinkt«. Und die Männerfreundschaft zwischen Ernest und Oberst Lanham, einem Haudegen mit literarischen Ambitionen, vertiefte sich von Flasche zu Flasche, so daß Ernest in Rambouillet, fünfundvierzig Kilometer westlich von Paris, ungeniert sogar »Papas« Sondereinheit organisieren konnte, bestehend aus zwanzig bis dreißig Maquisards. Er eröffnete seinen eigenen Gefechtsstand, versorgte die Franzosen mit Waffen, erkundete mit ihnen Rückzugswege und Widerstandsnester der Deutschen, jagte versprengte Soldaten der Waffen-SS und wäre an der Spitze seiner Partisanen am liebsten gleich in Paris einmarschiert.

Das mußte er dann doch dem arroganten General Jacques Leclerc überlassen, dem die Amerikaner und Engländer aus diplomatischen Gründen den Vortritt eingeräumt hatten. Franzosen sollten ihre Hauptstadt befreien.

Hemingway aber durfte auf der place Vendôme in das Hotel »Ritz« einmarschieren und dessen Direktor Ausiello umarmen. *Mon dieu,* war das eine Freude! Erstaunlicherweise befand sich im Keller noch ein großer Vorrat an feinstem »Lanson Brut«.

Schon am nächsten Tag stand Mary in der Tür des Zimmers Nr. 31. Wahrhaftig, sie hat es geschafft. Sie ist ihm nachgefahren nach Paris, so, wie ihm vor sieben Jahren Martha nach Madrid gefolgt ist. In Madrid war es das Hotel »Florida«, in Paris das »Ritz«, in Madrid explodierten Granaten auf der Straße, in Paris wird ein großer Sieg gefeiert, und Ernest ist überglücklich, daß »Papas Taschen-Rubens« bei ihm ist. Und da nun nach der Siegesparade auf den Champs-Elysées der Taumel allmählich abebbte, konnte Ernest im »Ritz« richtig hofhalten.

Marlene Dietrich sekundierte ihm dabei. Die Diva hatte im »Ritz« ihr Quartier aufgeschlagen, um von hier aus an die Front zu fahren und die GIs aufzumuntern. Ernest nannte sie »Kraut«, was zwar nicht sehr charmant war, aber sie mochte ihn trotzdem. Die beiden hatten sich vor Jahren bei einer Überfahrt auf einem Ozeandampfer kennengelernt, und es muß damals sehr lustig zugegangen sein auf dem Schiff. Jetzt sang sie »Lili Marlen«, häufig am Rand seiner Badewanne sitzend, während er sich rasierte, und Mary im Hintergrund sang mit. Pablo Picasso kam vorbei, als er hörte, daß Hemingway in Paris aufgetaucht sei. Die Boches wären zwar von seinen Bildern nicht sehr angetan gewesen, erzählte er, aber ihn hätten sie in Ruhe gelassen. Mary war sehr beeindruckt. »Als Ernest Picasso fragte, ob er bereit wäre, ein Brustbild von mir zu machen, von der Taille aufwärts nackt, wandte Picasso mir seine großen schwarzen Radaraugen zu, ließ sie einen Augenblick über meine Uniform gleiten, lächelte und sagte: ›Bien sur, schick' sie mir ins Atelier‹« (»Wie es war«). André Malraux kam hereinspaziert, in blitzblank gewienerten Reitstiefeln, von Kopf bis Fuß ganz Oberst. Der Preisträger des berühmten »Prix Goncourt«, bald darauf Informationsminister de Gaulles, hatte 1937 Madrid überstürzt verlassen, um zu Hause sein Buch über die Hoffnung (»L'Espoir«) zu schreiben. Malraux und Hemingway, das paßte nicht gut zusammen. Schon gar nicht, als Malraux nun damit prahlte, bei der Résistance eine Truppe von zweitausend Mann befehligt zu haben. »Schade, Herr Oberst«, erwiderte Ernest, »sehr schade, daß wir nicht die Unterstützung Ihrer Streitkräfte hatten, als wir diese kleine Stadt befreiten.«

Jean-Paul Sartre, der in Begleitung von Simone de Beauvoir zu einem Drink erschien, wollte eigentlich nur wissen, wie Hemingway seinen Landsmann William Faulkner einschätzte, und war überrascht zu erfahren, daß Ernest – in seltener Bescheidenheit – William für den größten lebenden Schriftsteller Amerikas hielt.

Und Sylvia Beach gab's auch noch, und mit ihr kamen die Erinnerungen an die ersten Jahre in Paris, »als wir arm und glücklich waren«. Auch ihre Buchhandlung in der rue de l'Odéon existierte noch, in der Ernest so viele Nachmittage zugebracht hatte, oft mit Bumby auf dem Arm.

Mein Gott, Bumby! »Im Kampf vermißt« lautete die letzte Nachricht, die Ernest über seinen Sohn erhalten hatte. Mehr war nicht herauszukriegen, obgleich er Himmel und Hölle in Bewegung setzte. Niemand wußte, daß Leutnant John H. Hemingway, an Arm und Schulter verwundet, einer österreichischen Gebirgsjägereinheit in die Hände gefallen war. Der vernehmende Offizier stammte aus Schruns und erinnerte sich gut an Hadley und Ernest Hemmingway und an den damals zweijährigen Bumby, der jetzt blutend vor ihm stand. Der Österreicher sorgte dafür, daß Hemingway junior sofort in ein Lazarett im Elsaß transportiert wurde, und Bumby überlebte den Krieg.

Für Ernest aber war der Krieg noch nicht zu Ende. Seine 4. Division war inzwischen durch Belgien bis in die Nähe des Hürtgenwaldes vorgerückt und in schwere, verlustreiche Kämpfe verwickelt. Oberst Lanham, sein Freund, schickte Ernest eine provozierende Einladung, frei nach Shakespeares »König Heinrich IV.«: »Häng Dich auf, tapferer Hemingstein (Crillon), Wir kämpften bei Landrecier (Arques), und Du warst nicht dabei.«

Da gab's kein Zögern. Ernest löste sich aus Marys molligen Armen, wo er, wenn man Marys Memoiren glauben darf, kein großer Champion war und ihre Kurzweil hauptsächlich mit langem Gerede und vielen Späßen bestritt, obgleich »allzuviel Gelächter, wie man weiß, die Initiativen im Bett erstickt – doch das machte uns nichts aus«. Eine rauhe Gesellschaft war also längst fällig, und er fuhr schleunigst dorthin, wo er sich und den anderen besser als im

»Ritz«, Zimmer 31, beweisen konnte, was in einem Mann steckt. Um so glühender die Liebesbriefe an Mary: »Ich liebte Dich die letzte Nacht, heute früh und jetzt um die Mittagsstunde. Hatten wir's für die kurze Zeit nicht herrlich miteinander?« Achtzehn schreckliche Tage im Hürtgenwald. Hier gab's keine Extratouren und Husarenstückchen. Hier durfte er hautnah mit ansehen, wie es ist, wenn eine Division Mann für Mann zugrunde geht. Freund Lanham, nur noch ein Gespenst, brachte kein Shakespeare-Zitat mehr über die Lippen.

Von höchster Stelle wurde er aus dem bluttriefenden deutschen Wald in die Etappe abberufen. Er habe sich unverzüglich im Hauptquartier, Generalinspekteur Dritte Armee (Nachhut), zu melden, um über seine Tätigkeit in und um Rambouillet verhört zu werden. Aha, also hatte ihn doch so ein Pferdearsch verpfiffen. Oberst Park, der den Fall betreute, zwinkerte ihm zu, bevor er die lange Anklageschrift verlas. Hier ging es nicht um Feigheit vor dem Feind oder gar um Hochverrat, hier sollte Ernest aus unbotmäßigen Heldentaten der Strick gedreht werden. Zwei, drei kleine Meineide halfen ihm aus der Patsche und ersparten ihm – na was? – Entzug der Lizenz als Kriegsberichterstatter, von der er kaum noch Gebrauch machte, und Abschub in die Heimat. Wäre das so schlimm gewesen? Hatte er nicht schon längst genug davon?

Nur noch einmal stülpte Ernest den Helm auf seinen ständig schmerzenden Kopf, und das war, als der deutsche General Rundstedt mit seiner Ardennen-Offensive tiefe Blutspuren durch die Weihnachtswochen 1944 zog. Als auch das vorüber war, kehrte Ernest der Front den Rücken zu.

Wenn schon Krieg, dann sollte man's halt so machen können wie der »tapfere Hemingstein«: kommen und gehen, wann's beliebt. Manch einer wäre gern mit ihm nach Hause geflogen über den weiten Atlantik und hätte wie er geschworen: Nie wieder Krieg! Nur noch schreiben, schreiben, schreiben . . .

Das allerdings konnte er besser als manch einer.

Sie hat die deutsche Besatzung gut überlebt.
Wiedersehen mit der Buchhändlerin Sylvia Beach
nach der Befreiung von Paris

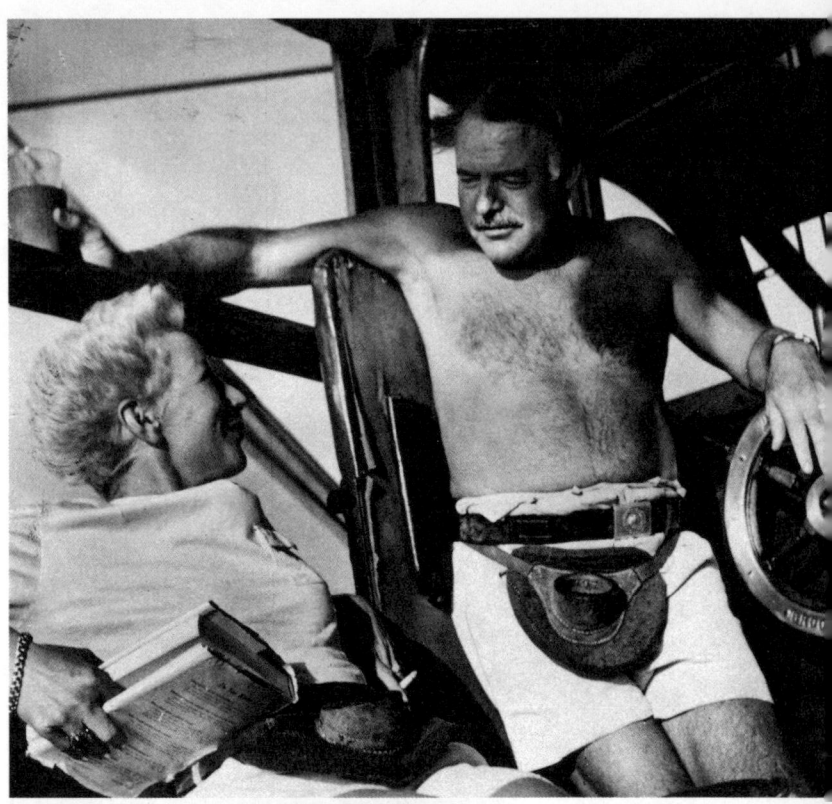

Mary war bereits neununddreißig, als sie ihr erstes
Kind erwartete, und sie wäre daran gestorben, wenn ihr
Mann nicht in höchster Not eingegriffen hätte

Marys Einzug auf der Finca

Am 2. Mai 1945 landete Mary Welsh in Havanna, Ernest holte sie mit seinem Lincoln vom Flugplatz ab. Frisch rasiert, braungebrannt, blütenweißes Guayabera-Hemd – gutgelaunt, kerngesund, nüchtern.

»Wir fuhren durch das hölzerne Tor der Finca Vigia, dann durch einen scharlachroten Blumenbogen ein Stückchen bergan und das Rund einer Einfahrt entlang zu einer herrlichen Steintreppe. Aus einer der Stufen wuchs ein riesiger Kapokbaum. Das Haus schien aus der Hügelkuppe herausgewachsen zu sein. Das Dach und die große Terrasse waren reich mit Blumen bewachsen, und die Luft duftete nach sprießenden Pflanzen . . . Er öffnete die Tür zu einem großen blauen, sonnendurchfluteten Zimmer – ein riesiges Bett, ein riesiger Schreibtisch, riesige Kommode und ein riesiger Frisiertisch. Die frühere Bewohnerin, Martha Gellhorn, hatte nicht viele Spuren hinterlassen« (»Wie es war«).

»Alles ist für dich bereit«, sagte Ernest. »Alles« beinhaltete: einen chinesischen Koch, einen Butler, Dienstmädchen, Chauffeur, zwei kleine Jungen für die Einkäufe im Dorf, vier Gärtner, mehrere Hunde, an die zwanzig Katzen, die im Haus einen penetranten Geruch verbreiteten.

Mary liebte Katzen, und die Katzen liebten Mary, sogar der Familienpascha »Mr. Boise«, worüber Ernest sehr erstaunt war, denn: »Mr. Boise haßt Frauen – die letzte, die hier war, hat ihm die Eier abgeschnitten.«

Mary liebte auch die »Pilar«, die inzwischen abgerüstet war und nicht mehr zu U-Boot-Jagden mißbraucht wurde. Schon bei der ersten Ausfahrt war sie bemüht, den Umgang mit den Angelgeräten zu erlernen, und als ihr gleich eine teure Angel aus der Hand gerissen und pfeilschnell auf Nimmerwiedersehen in die Tiefe gezogen wurde, sagte Ernest kein einziges Wort, nicht mal ein spanisches. Er hatte zum ersten Mal eine Ehefrau an Bord, die sich mit der »Pilar« anfreunden wollte.

Bald kamen auch die Söhne auf die Finca: der vierzehnjährige Gregory und der siebzehnjährige Patrick aus der Schule, Bumby aus der deutschen Kriegsgefangenschaft. Sie freuten sich auf die Angeltouren mit ihrem Vater auf der »Pilar« und waren neugierig auf die Frau, die ihre neue Stiefmutter werden sollte.

Noch war es nicht soweit. Zwei Ehen mußten vorher geschieden werden, wobei Martha die geringsten Schwierigkeiten machte. Im Gegenteil, sie beschleunigte die Scheidung, wo sie nur konnte: »Ich dachte nicht im Traum daran, etwas zu beanspruchen – Geld, Unterhalt . . . Ich wollte nur noch frei sein von ihm und seinem Namen und schnell aus der ganzen Geschichte aussteigen« (Kert: »Die Frauen Hemingways«).

Die Ehe wurde am 13. Dezember 1945 geschieden. Noel Monks verzögerte die Scheidung von Mary und gab ihr damit Gelegenheit, einen ganzen Sommer lang auszukosten, was sie an der Seite Hemingways erwartete, und der verstellte sich nicht.

Die Selbstzerstörung nahm ihren Fortgang in allen Spielarten. Unmengen von Alkohol auf der »Pilar«, in der »Floridita«, beim Taubenschießen in der feinen Gesellschaft Havannas und bei den Hahnenkämpfen als Volksbelustigung. Beide Sportarten waren Mary in der Seele zuwider, zumal die Hahnenkämpfe, für die sich Papa sogar eine eigene Zucht angelegt hatte. »Da ist nichts Grausames daran«, erwiderte er auf ihre Vorhaltungen. »Das sind Kampfhähne – aber was zum Teufel will denn ein Kampfhahn anderes tun?«

Dazu kam, daß Ernest neuerdings schon beim Frühstück trank. Zwei, drei Glas Champagner konnten den fröhlich und zufrieden von seiner Schreibarbeit kommenden Schriftsteller im Handumdrehen in ein zänkisches, beleidigendes, kotzengrobes Scheusal verwandeln. Nicht wiederzuerkennen die beiden Gesichter ein und desselben Menschen, wie »Dr. Jekyll und Mr. Hyde«. Seit »Wem die Stunde schlägt« hatte Hemingway nichts Bedeutendes zustande gebracht, und das war vor sechs Jahren. Jetzt sitzt er endlich wieder an einem Roman, für den er auch schon den Titel gefunden hat: »Der Garten Eden«.

Der Mensch ist nicht fürs Paradies geschaffen worden, und wenn einer mal das unverschämte Glück hat, in einen Garten Eden hineinzugeraten, wird er alles versuchen, um in kürzester Zeit eine Hölle daraus zu machen. David und Catherine, ein jungverheiratetes Paar, befinden sich mitten darin, im Eden. Sie ein reiches Mädchen, hübsch, schwarzhaarig, glühend vor Leidenschaft – er, ein junger Schriftsteller, der sich im Ruhme seines ersten Romans sonnt. Gesonnt wird viel in Grau-du-Roi, an der französischen Mittelmeerküste, dort wo Ernest und Pauline ihre Flitterwochen verbracht haben. Baden, essen, trinken, lieben. Die Sonne lacht über soviel monotones Glück. Doch schon bald beginnt das teuflische Spiel. Catherine will mehr, sie will ihn ganz und gar haben, auch äußerlich so sein wie er, und sie schneidet ihre langen Haare ab, um auszusehen wie ein Junge, und im Bett soll er nur das machen, was sie will. Dann kommt noch die blonde Marita dazu, will auch naschen von Nektar und Ambrosia. Erst schläft sie mit Catherine, dann wird sie Davids Geliebte. Das ist zuviel, auch seine Flucht in die Arbeit mißlingt. »Sobald er in sein Arbeitszimmer gegangen war, hatte er einen Satz angefangen und zu Ende geschrieben, aber danach konnte er nicht weiterschreiben. Er strich ihn aus, fing einen zweiten Satz an und stand dann wieder vor völliger Leere. Er war unfähig, den nächsten Satz zu schreiben, obwohl er ihn kannte. Nach zwei Stunden war es immer noch so. Er konnte nicht mehr als einen einzigen Satz schreiben, und die Sätze wurden immer einfältiger und waren vollkommen blödsinnig.« Sie haben's geschafft; die Früchte im Garten Eden sind vergiftet. Hemingway bringt den Roman nicht zu dem Ende, das ihm vorschwebt, und – was noch nie vorgekommen ist – er denkt nicht daran, ihn zu veröffentlichen.

Zwei Jahre nach Kriegsende wird Hemingway mit einem US-Orden ausgezeichnet. In Havanna heftet ihm Colonel Edgar E. Glenn den Bronze Star ans Hemd

Zwischendurch schreibt er andere Sachen. Die Atombomben sind explodiert, Japan hat kapituliert, Friede auf Erden, »und die Vereinigten Staaten sind jetzt, wo der Krieg vorbei ist und die Toten tot sind, die stärkste Macht der Welt, und die müssen dafür sorgen, daß sie nicht auch die meistgehaßte werden . . . Wir dürfen jetzt nicht die kleinste Spur von Faschistenmentalität aufkommen lassen und müssen uns dazu erziehen, die Rechte, Privilegien und Pflichten aller anderen Länder nicht anzutasten« (»A Treasury for the Free World«). Das war vor Korea und lange vor Vietnam.

*

Endlich war es soweit. Am 14. März 1946 gingen Mary und Ernest in Havanna zum Standesamt. »Ich habe eine Frau geheiratet, die halb deutsch, halb irisch ist, das ergibt eine grausame Mischung, aber eine reizende Frau«, schrieb er an seinen Kriegsfreund Lanham.

Und bald darauf freuten sich beide auf ein Kind, das hoffentlich ein Mädchen sein würde. Von allen seinen Frauen hatte sich Ernest immer eine Tochter gewünscht. Es klappte nie, weder mit Hadley noch mit Pauline, und Martha ließ es gar nicht erst darauf ankommen. Mary wollte ein Kind, mit neununddreißig ihr erstes, und Doktor Harrera in Havanna hatte keine Bedenken.

Der Sommer ging zur Neige, oben in Idahos Bergen und Prärien warteten Bär und Wapiti, Rebhuhn und Schnepfe, Forellen im Wildwasser und drei Söhne in Ferienstimmung. Langsam rollte der Lincoln durch das weite Land. Sie kamen bis Casper in Wyoming; Wilder Westen, was die Beschaffenheit des Hotels betraf, in dem sie übernachteten. Feine Staubschicht auf Bettdecken und Kissen, keine Klimaanlage, lieblos gebratene Steaks.

Am nächsten Morgen, Ernest war schon dabei, die Koffer zum Wagen zu schleppen, erwachte Mary von einem wilden Schmerz. Zum Glück gab es in Casper eine Klinik, sogar einen Ambulanzwagen, nur der Chef war gerade beim Angeln und bestenfalls in drei bis vier Stunden herbeizuholen. Sein junger Vertreter bemühte sich ein Weilchen, stammelte etwas von Bauchhöhlenschwangerschaft, Durchbruch des linken Eileiters, Blutungen, die nur operativ zu stillen seien, aber eine Operation sei nach dem Blutverlust zwecklos. Er empfahl Ernest, sich von seiner Frau zu verabschieden, was nicht gut möglich war, da Mary bewußtlos auf dem Operationstisch lag.

Das ließ sich Hemingway nicht bieten. Er bat, nein, befahl dem Arzt, eine Vene zu öffnen. Er selbst übernahm die Plasmazufuhr, die nicht funktionierte, weil Luftblasen in den Kanülen waren und die fest verstöpselten Spunde keinen Tropfen durchließen. Ernest knetete und bearbeitete den Schlauch so lange, bis das Plasma floß. Nach der ersten Flasche Lebenszeichen bei Mary. »Jetzt operieren«, befahl er dem Arzt und befestigte die zweite Plasmaflasche an dem Schlauch.

»Als ich auf der Intensivstation im Sauerstoffzelt erwachte, saß Ernest neben meinem Bett und las seine Zeitung. Eine Schwester erzählte mir später, was sich im OP abgespielt hat und daß ich Ernest mein Leben zu verdanken habe. ›Danken Sie Gott, daß Sie so einen Mann haben‹, sagte sie« (»Wie es war«).

Gefährlicher Sommer

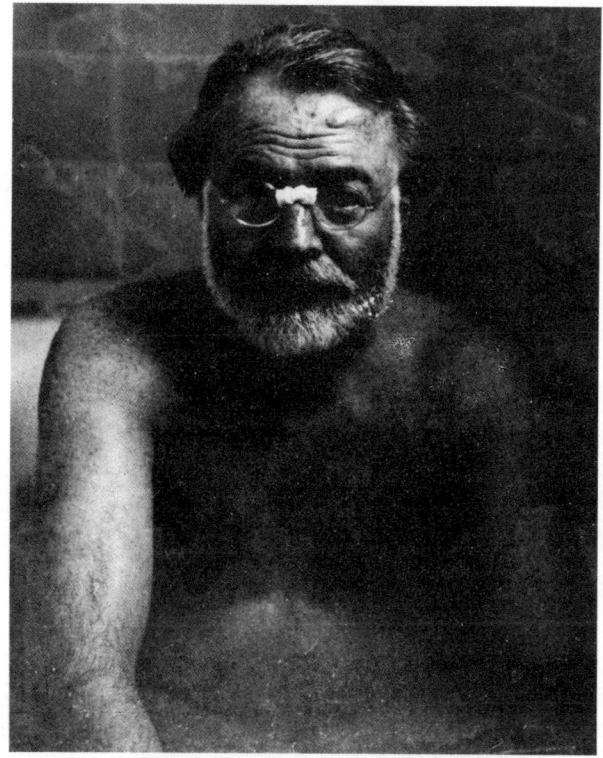

»Jesus Christus, man muß Vertrauen haben,
um ein Meister zu werden, und das ist das einzige,
was ich mir immer gewünscht habe«, schrieb
Ernest seinem Verleger und machte
sich ans letzte Werk

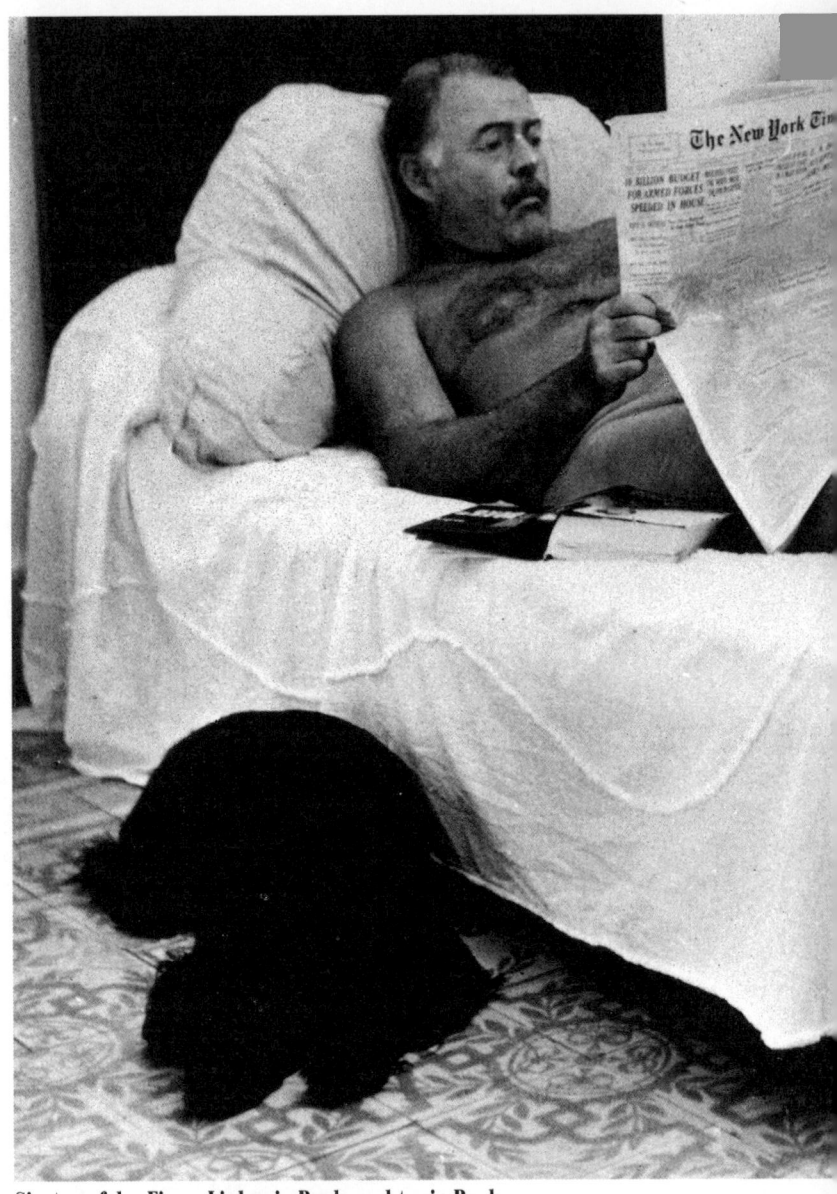

Siesta auf der Finca. Links ein Buch, rechts ein Buch.
Zwischendurch ein schneller Blick in die Zeitung. Man kann nie
wissen, vielleicht was Neues über Hemingway?

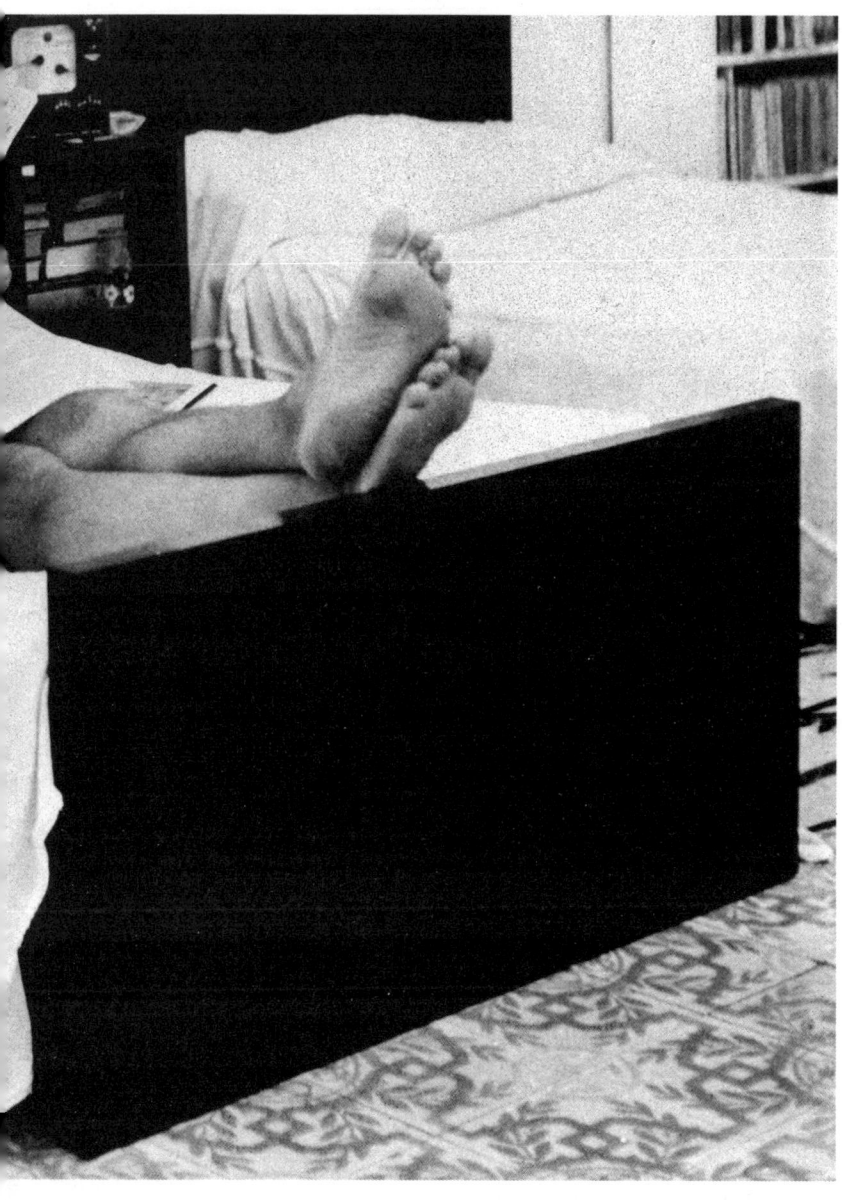

Fischer fanden in Ernest immer einen aufmerk-
samen und sachkundigen Zuhörer. Sein phänomenales
Gedächtnis speicherte jede Kleinigkeit

Jahrelange Erfahrungen als Hochsee-Angler
machten sich bezahlt, als Ernest sein berühmtestes
Buch schrieb: »Der alte Mann und das Meer«

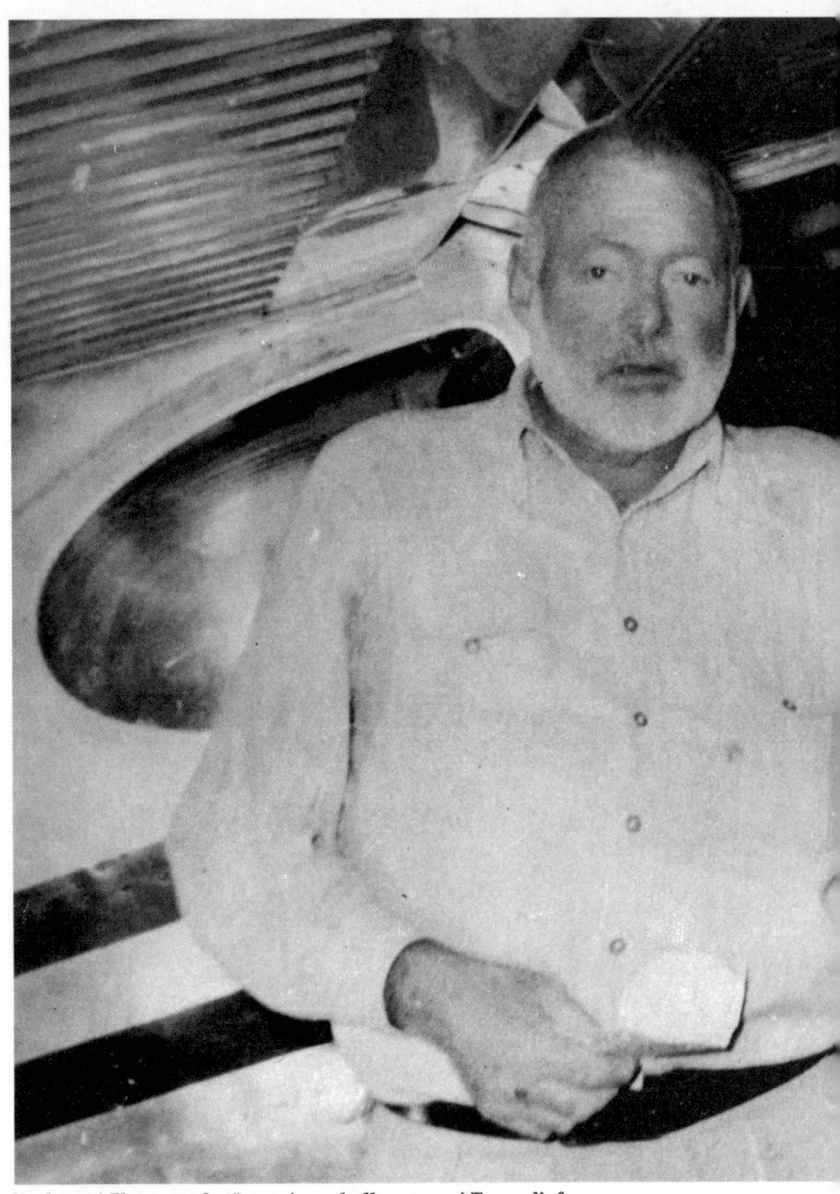

Nach zwei Flugzeugabstürzen innerhalb von zwei Tagen lief
die Nachricht von seinem Tod im Januar 1954 um die Welt. Doch
dann landet Hemingway scheinbar unverletzt in Nairobi

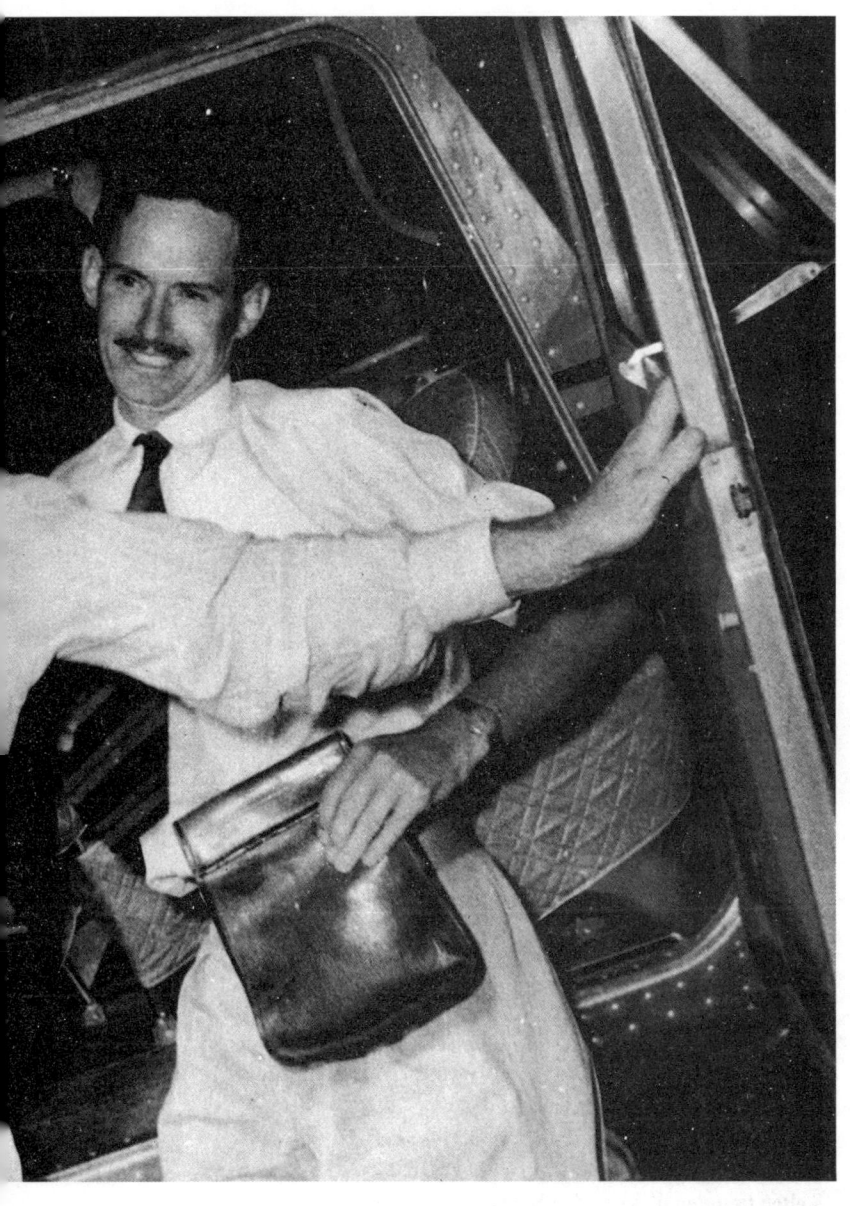

Welten trennten diese beiden Männer,
aber sie respektierten sich: Fidel Castro und
Ernest Hemingway 1960 in Havanna

Als Sechzigjähriger besuchte Ernest noch
einmal alle großen Stierkampfarenen Spaniens.
Auch für die Matadoren war er der »Papa«

Venedig ist viel schöner und verwirrender, als ich mir vorgestellt hatte«, schrieb Mary am 18. Oktober 1948 in ihr Tagebuch. »Wir sind im fünfhundert Jahre alten Palazzo des Conte Gritti, genau gegenüber von Santa Maria della Salute am Canale Grande.«

Verwirrend war auch die anhaltend gute Laune Ernests, der jedem Gondoliere was vorsang, sehr laut und etwas daneben. In »Harry's« Bar, Endstation aller ermüdenden Besichtigungsmärsche, bekamen sie den Tip, nach Torcello hinauszufahren. Auf der einsamen Insel, zwölf Kilometer nordöstlich von Venedig, gab es ein Hotel mit einigen exquisit ausgestatteten Suiten und einem vortrefflichen Restaurant. Vor dem Hotel erhob sich eine uralte romanische Kathedrale, und von dem Turm konnte man an klaren Tagen über das Marschland der Lagunen hinweg bis nach Fossalta sehen – ein Blick auf eine genau dreißigjährige Vergangenheit. Sofort übersiedelten die Hemingways ins »Locanda Cipriani« auf Torcello. Mary hatte nach ein paar Wochen genug von dem romantischen Luxus, wollte weiter, noch mehr von Italien sehen, nach Florenz, wo alte Freunde sie erwarteten. Ernest aber wollte immerzu Enten schießen, die in Wolken aus den Lagunen aufstiegen, und beim Baron Nanyuki Franchetti, der an der Mündung des Tagliamento ein großes Revier besaß, war der berühmte Schriftsteller und hervorragende Jäger ein gern gesehener Gast. Also fuhr Mary allein nach Florenz, und Ernest ging mit den Franchettis auf die Jagd.

Diesmal saß erstaunlicherweise ein junges Mädchen mit im Boot, fror jämmerlich im Regen und Wind des scheußlichen Dezembertages, und als sich die Jagdgesellschaft endlich im Landhaus einfand, löste sie am Kamin ihr langes, schwarzes, durchnäßtes Haar, hatte aber keinen Kamm dabei, und er brach seinen in der Mitte entzwei, gab ihr eine

Venedig 1948: Mary genoß ihre erste Italienreise
auch im Herbstregen, und Ernest hatte sich gerade in
ein junges Mädchen namens Adriana verliebt

Adriana Ivancich, 19, stammte aus einem alten
dalmatinischen Geschlecht. Sie inspirierte Hemingway zu dem
Roman »Über den Fluß und in die Wälder«

Hälfte und sah ihr beim Kämmen zu. Ihr dunkles, aristokratisches Profil, ihre weiche Stimme, die Scheu, mit der sie ihr Schulenglisch gebrauchte, gefielen ihm sehr.

Ob er sie mal wiedersehen könne, fragte er, vielleicht bei einem Mittagessen in Venedig?

Sie sah ihn mit erstaunten grünen Augen an und kämmte weiter.

Als Mary aus Florenz zurückkam, ein bißchen erschlagen von Uffizien und Pitti und Buonarotti und Corsini, fand sie einen aufgeräumten Papa vor. Er preßte sie an seine Brust, nannte sie »mein Kätzchen«, nicht »Dreckaufwischerin« oder »Brosamenfresserin« wie sonst, fragte nicht lang, wie geht's und wie war's, sondern legte sogleich los mit der Geschichte der Familie Ivancich. Ein uraltes dalmatinisches Geschlecht, Seefahrer in der Dogen-Zeit, später Kaufleute, steinreich vor dem Krieg, ein Palazzo in Venedig am Canale di Rimedio, riesiger Landsitz am Tagliamento, Nachbarn der Franchettis. Im Krieg haben amerikanische Bomber den Landsitz zerstört, obwohl sie eine Brücke treffen wollten, den Vater haben Partisanen erschlagen, der älteste Sohn, Gianfranco hat die Leiche gefunden, und die jüngste Tochter Adriana sei neulich bei der Entenjagd mit dabeigewesen. Außerdem habe er einen neuen Roman begonnen.

»Was sagtest du, wie alt ist diese Adriana?« fragte Mary.

»Neunzehn«, sagte er, »fast neunzehn, in einem Monat wird sie neunzehn.«

»Und du bist fast fünfzig«, sagte sie, »in sechs Monaten fünfzig.«

»Morgen wirst du sie kennenlernen«, sagte er.

Man traf sich bei »Harry's« zum Mittagessen. Adriana kam ein paar Minuten zu spät. »Dann betrat sie den Raum, strahlend in ihrer Jugend und weitausschreitenden Schönheit . . . Sie hatte eine matte, beinah olivfarbene Haut, ein Profil, das dir und jedem anderen das Herz brechen konnte, und ihr dunkles, lebendiges Haar fiel ihr bis über die Schultern.« Nein, diese Sätze hatte er noch nicht zu Papier gebracht, aber sie saßen in seinem Schädel, und Mary hätte sie beinah entziffert. Sie wunderte sich nicht, daß Ernest das Mädchen bereits »Tochter« nannte.

Adriana hatte eine große Mappe mit Skizzen und Zeichnungen mitgebracht, die Ernest sorgfältig durchblätterte, »sehr schön, sehr begabt« murmelte und jedes Blatt auf der Rückseite mit seinem Autogramm verzierte.

Auch Mary sah sich die Blätter an, wortlos.

Armer Papa, dachte sie.

Weihnachten stand vor der Tür, und da sie in Cortina d'Ampezzo eine kleine Villa gemietet hatten, fuhren die Hemingways aus dem venezianischen Regen hinauf in den Schnee. Das schönste Weihnachtsgeschenk kam telegrafisch aus Hollywood von der Twentieth Century Fox: »Mein Alter« wird verfilmt – über vierzigtausend Dollar.

Im neuen Jahr legte sich Ernest mit einer schweren Angina zu Bett, nach der Angina schwoll sein Gesicht an, wurde von einem juckenden Schorf überzogen, er konnte kaum noch aus den Augen schauen, Fieber schüttelte ihn. Die Ärzte in Cortina glaubten, Rotlauf diagnostizieren zu können, und drückten das Fieber mit Penicillin herunter. Mary brach sich beim Skilaufen den linken Knöchel und legte sich neben ihn ins Bett.

Macht nichts, mit geschlossenen Augen, unabgelenkt, kann er seinen Roman weiterträumen. Die Szenerie muß nicht erfunden werden, die hat er gerade erst erlebt: Venedig, das vom Geist der Jahrhunderte durchwehte Hotel im Palazzo »Gritti«, »Harry's« Bar, die Insel Torcello, die Lagune mit ihren Entenschwärmen. Wenn Hemingway mit seiner glasklaren, unübertrefflichen Wortgenauigkeit erzählt, was er gesehen hat, werden Wasser und Steine lebendig, dann weckt er die Sehnsucht, in einer Gondel an seiner Seite zu sitzen oder von der Lagune aus mit anzusehen, wie die Türme von Torcello und Murano im Morgenlicht auftauchen.

Die Personen der Handlung stehen auch schon parat: die Franchettis, die Robillants, die Ivancichs, nur noch umgetauft müssen sie werden, Adriana in eine Renata, »renata«, die Wiedergeborene, die den fünfzigjährigen Oberst Cantwell liebt, in einer stürmischen Nacht in der Gondel oder auch im »Gritti« unter dem riesigen Kronleuchter, nur schade, daß der Oberst Cantwell – kein anderer als Hemingway selbst – zwischendurch so viel vom Krieg erzählt, von der ersten Schlacht an der Piave 1918 bis zur Invasion in der Normandie, Paris-Befreiung, dann Hürtgenwald, Ardennenoffensive – alles. »Ich weiß, du mußt das loswerden«, sagt Renata.

»Dieses Buch wird so heiß, daß Du es nicht anfassen kannst«, schrieb Ernest, kaum genesen, seinem Verleger Charlie Scribner. Und: »Kreativität kommt erst dann so richtig zum Tragen, wenn man verliebt ist.«

Als sie im März noch mal für ein paar Wochen nach Venedig fuhren, war Ernests sogenannter Rotlauf wie weggeblasen, ebenso die Atembeschwerden und das Ohrensausen, er wog nur noch neunzig Kilo und fühlte sich wie neugeboren – »re-natus«. Mit der Familie Ivancich war man häufig zusammen, Adriana erschien fast immer in Begleitung ihrer Mutter, die in jungen Jahren eine sehr schöne Frau gewesen sein mußte, und ihres älteren Bruders Gianfranco, der nicht so recht wußte, was er beruflich anfangen sollte. Ernest versprach, ihm zu helfen. Vielleicht könne er ihm auf Kuba einen Job verschaffen, sagte er. Und Mary mußte, von Ernest dazu gezwungen, die ganze Familie zu einem Besuch auf die »Finca Vigia« einladen: Mutter, Tochter und Sohn. Sie tat es mit eisigem Lächeln. Im April drängte Ernest zur Heimfahrt, er konnte es kaum erwarten, und als er auf der »Finca Vigia« wieder in seinem Turmzimmer saß, schrieb er in atemberaubendem Tempo nieder, was er längst im Kopf hatte: »Über den Fluß und in die Wälder«. Fast hätte er darüber seinen fünfzigsten Geburtstag vergessen. Doch Mary sorgte geschäftig für ein großes Fest, hatte Gäste von nah und fern geladen, doch die Gesellschaft mußte lange auf den Jubilar warten, denn der war mit seinen Kumpanen auf der »Pilar«, leerte an

Abschied von der »Finca Vigia«. Nach
Castros Sieg konnte es für einen Amerikaner auf
Cuba ziemlich ungemütlich werden

Bord eine Kiste Champagner und war für den Rest der Feier nicht zu gebrauchen.

Die Ernüchterung nach der berauschenden Arbeit an seinem Roman war bitter. Auch auf die Gefahr hin, wie einst Eastman von Hemingway verprügelt zu werden, zerfetzten die Kritiker das Buch Blatt für Blatt. »Über den Fluß und in die Wälder« sei veraltet, verkitscht, geschwätzig – schrieben sie. Nun sei endgültig bewiesen, daß die Zeit über Hemingway hinweggegangen sei. Die sentimentale Romanze zwischen dem alternden, herzkranken Oberst und der neunzehnjährigen Venezianerin sei bar jeder herzhaften Selbstironie, ein unwürdiges Selbstportrait des wie sein Oberst alternden Autors.

Mary, geduldig wie eine Heilige, tröstete und schmeichelte so gut sie konnte. Sie hielt ihm die »New York Times Book Review« vor, immerhin die wichtigste Fachzeitschrift des Landes, die Ernest als den »bedeutendsten Autor seit Shakespeares Tod« bezeichnete, oder Londons »Times Literary Supplement«, wo die »schwanengesangsartige Stimmung des Romans« mit Shakespeares »Sturm« verglichen wurde. Zwei aufmunternde Stimmen im Chor der Kläffer. Aber abgesehen davon, die Auflage stieg und stieg – von Scribner's kamen wieder wöchentliche Erfolgsmeldungen: vierzig-, fünfzig-, sechzigtausend. »Was willst du mehr?«

Und Mary schluckte tapfer die Kränkung hinunter, die er ihr mit diesem Buch zugefügt hatte. Nicht genug damit, daß die zugegebenermaßen hübsche Zeichnung auf dem Schutzumschlag von Adriana stammte; der Roman, in dem Mary voller Inbrunst betrogen wurde – wenn auch nur in der Phantasie –, trug wie zum Hohn die Widmung: »Für Mary – in Liebe«.

Und dann kam der Tag, an dem sich Ernest putzte und schniegelte, denn die Familie Ivancich sollte im Hafen von Havanna abgeholt werden. Mary fuhr mit, mußte umarmen und willkommen heißen und so tun, als bemerke sie die vor Rührung tränenfeuchten Augen Ernests nicht. Adriana in einem verführerisch geschnittenen, lavendelblauen Kleidchen, ließ sich von ihm in die Arme nehmen wie eine geliebte Tochter, die nach langer Abwesenheit endlich nach Hause gekommen ist.

Mutter Dora, Adriana und Gianfranco wurden im Gästehaus untergebracht. Mary veranstaltete mit etwas übertrieben wirkender Fröhlichkeit eine Party nach der anderen, und die neugierigen Besucher, die einen Skandal erwarteten, kamen nicht auf ihre Kosten. Nicht die geringste Spur von Eifersucht war Mary anzumerken.

Auch Ernest tat alles, um Klatsch und Tratsch zu vermeiden und begnügte sich mit seiner Papa-Rolle. Er zeigte Adriana seine Lieblingsplätze auf Kuba, schlenderte mit ihr durch Havanna, trank mit ihr in der »Floridita« einige Daiquiris, und wenn sie mit der »Pilar« aufs Meer hinausfuhren, waren sie nie allein. Aber weder seine Zurückhaltung noch Marys hektische Gastfreundlichkeit konnten verhindern, daß in Presse und Rundfunk der Besuch Adrianas auf der »Finca Vigia« als pikante Sensation ausgemalt wurde. Miss Adriana Ivancich aus Venedig sei identisch mit der offenherzigen Renata des Romans »Über den Fluß und durch die Wälder«, deren Liebesspiele mit dem Oberst Cantwell, alias Hemingway, in dem Buch ausführlich beschrieben werden. Ob jetzt auf der »Pilar« fortgesetzt werden solle, was bei der nächtlichen Gondelfahrt erprobt worden sei?

Aus Venedig kamen besorgte Briefe, die Dora die Schamröte in die Wangen trieben: Die Verwandtschaft, die Freunde, die ganze Stadt sei empört. Nicht ohne Grund hatte Hemingway für die nächsten zwei Jahre eine italienische Ausgabe seines Buches untersagt – die Presseberichte konnte er nicht aufhalten.

Ernest resignierte. Zum ersten Mal in seinem Leben nahm er Rücksicht auf andere, auf den Ruf Adrianas in Venedig, vielleicht sogar auf Mary, der er in den letzten Monaten ein Übermaß an Selbstverleugnung zugemutet hatte. Erst kürzlich war sogar in einer Zeitschrift von ihrer »sklavischen Unterwürfigkeit« die Rede gewesen.

»Der alte Mann und das Meer«

Widerspruchslos ließ er es geschehen, daß die Ivancichs aus der Finca auszogen, noch ein paar Tage in einem Hotel in Havanna wohnten und schließlich ohne große Abschiedszeremonien abdampften. »Ich lebe nur noch, um Dich zu lieben, ich kann nicht anders«, schrieb er in einem Brief, den er Adriana nach Venedig nachschickte.

Eine kleine Übertreibung, denn das Schiff mit Adriana an Bord war kaum hinter dem Horizont verschwunden, als er eine jahrzehntealte Ausgabe des »Esquire« hervorkramte, in der er ein kleines Geschichtchen veröffentlicht hatte: Ein alter Fischer fängt einen riesigen Marlin, den Fisch seines Lebens, und der wird ihm auf der Heimfahrt von den Haien weggefressen. Nichts weiter. Aber diese Geschichte wollte er jetzt noch einmal erzählen, und er wußte nach den ersten Sätzen, daß er an einem Meisterwerk arbeitete: »Der alte Mann und das Meer«.

»Jesus Christus, man muß Vertrauen haben, um ein Meister zu werden, und das ist das einzige, was ich mir immer gewünscht habe«, schrieb er an Charlie Scribner.

Dann starb seine Mutter Grace, neunundsiebzigjährig, in einem gepflegten Altersheim. Die Nachricht kam, als der »Alte Mann« in seinem Boot den Kampf mit den Haien gerade aufgab. Ernest nahm die Nachricht zur Kenntnis und schrieb weiter. Zum Begräbnis fuhr er nicht. Er ließ die Dorfglocke in seiner Nachbarschaft läuten. Das genügte.

Dann starb Pauline, die Mutter seiner Söhne Patrick und Gregory; die Frau, derentwegen er Hadley und die er wegen Martha verlassen hatte. Pauline starb sechsundfünfzigjährig, weil ein Tumor in der Niere nicht rechtzeitig erkannt worden war. Zum Begräbnis fuhr er nicht.

Dann starb Charlie Scribner, sein Verleger. Der Witwe schrieb er einen langen Brief, auf den Friedhof ging er nicht.

Scott Fitzgerald, James Joyce, Gertrude Stein waren schon lange tot. John Dos Passos ließ seit Spanien nichts mehr von sich hören, Ezra Pound wartete in einer Irrenanstalt immer noch auf seinen Hochverratsprozeß wegen antiamerikanischer Propaganda während des Krieges in Rom. Wen gab's da noch von den alten Freunden?

Die Zeitschrift »Life« veröffentlichte die Novelle „Der alte Mann und das Meer" ungekürzt in einer Ausgabe und verkaufte innerhalb von achtundvierzig Stunden 5 318 650 Exemplare. Ein Triumph ohnegleichen. Die Buchauflage schnellte von Woche zu Woche in die Höhe, aus London wurden hunderttausend Vorbestellungen gemeldet. Der begehrte »Pulitzerpreis« ließ nicht lange auf sich warten. Sogar der Schutzumschlag wurde prämiert, und den hatte auf Ernests Bitte hin Adriana entworfen: »Viva la torre blanca«, telegrafierte er, und mit dem »weißen Turm« war der auf der Finca gemeint. »Viva! Ich bin stolz auf Dich. Ich liebe Dich.«

Mary durfte sich einen Nerzmantel kaufen, für fünftausend Dollar.

Die Wirkung auf die Leser war ungeheuer, zumal auf Frauen, obgleich in dem Buch als einzige Frau die Mutter Gottes erwähnt wird. »Heilige Jungfrau, bitte um den Tod des Fisches. So herrlich er auch ist«, fleht der alte Santiago, am Ende seiner Kräfte, die heilige Maria an. Und dem Marlin ruft er zu: »Fisch, ich liebe dich und achte dich sehr. Aber ich töte dich bestimmt, ehe dieser Tag zu Ende ist.«

Drei Tage und drei Nächte ringen sie miteinander. Zwar könnte Santiago jederzeit aufgeben und die Leine kappen, an der der Fisch hängt, und die Versuchung, das zu tun, ist groß in den Stunden totaler Erschöpfung, aber »der Mensch ist nicht für die Niederlage gemacht«. Santiago überwindet seine Zweifel an sich und seinem Glück und geht als Sieger hervor. »Du hast ihn aus Hochmut getötet, und weil du ein Fischer bist«, erkennt er voller Reue. Und dann kommen die Haie.

Verfrühte Nachrufe

Mary durfte wieder einmal vierzehn Koffer packen, und mit deutsch-irischer Hartnäckigkeit glaubte sie fest daran, daß ihr ungetrübte Monate bevorstünden – nach sieben dornigen Jahren an Ernests Seite. Die Reisevorbereitungen nahmen ihn ganz in Anspruch, und »er war sanft, wie ein schöner Tag im Mai«, schrieb sie in ihr Tagebuch. In Spanien und in Ostafrika wollte er auf vertrauten Pfaden seine alten Fußstapfen aufspüren. Nicht in Italien, nicht in Venedig. In Madrid übernachteten sie in seinem alten Zimmer im Hotel »Florida«, und er witterte mit feiner Nase Martha. In der Umgebung Madrids zeigte er Mary jede Höhle, jeden Felsbrocken, hinter dem er im Bürgerkrieg – mit der tapferen Martha – Deckung gesucht hatte. Sie fuhren nach Pamplona zur Fiesta, wo einst Hadley auf der *barrera* saß und strickte. Hemingway wurde wie ein Matador begrüßt, und zwei Stiere wurden in seinem Namen getötet. Sevilla, Cordoba, Valencia im gefilterten Licht des Herbstes. Alles war etwas leiser geworden, gedämpfte Geige, *con sordino*.

Ein schönes Schiff brachte sie von Marseille nach Mombasa, ein Flugzeug nach Nairobi. Den alten White Hunter Philip Percival gab's auch noch, leicht ergraut, von der Gicht gepiesackt, aber scharfäugig wie eh und je. Artig begrüßte er auf seiner Farm die neue Madame, fragte nicht nach Pauline. Der Kilimandscharo lüpfte seine Wolkenmütze.

Guten Mutes traten sie die Safari an. Zwar wurde Ernest gleich zu Beginn aus dem Landrover geschleudert und zerschnitt sich dabei das Gesicht, verstauchte die Schultern, und wenig später trollten sich ein Büffel, ein Löwe, ein Warzenschwein, ein Pavian davon, obwohl Meisterschütze Hemingway auf sie geschossen hatte; aber all das konnte ihm seine gute Safari-Laune nicht nehmen. Darüber wun-

**Die zweite Safari (Dezember 1953) begann
fröhlich mit Schaukämpfen im Busch. Bald mußte Ernest
härtere Schläge auf den Schädel einstecken**

derte sich niemand mehr als Mary. Um so fröhlicher machte sie sich daran, das Weihnachtsfest zu zelebrieren. Die Zweige eines Dornbuschs wurden geschmückt, Geschenke an die Safari-Diener verteilt – für Ernest ein paar rote Boxhandschuhe –, ein Grammophon plärrte »Stille Nacht«, denn Mary mochte den rheinischen Teil ihrer Abstammung auch im Busch nicht verleugnen; die Massai und Wakambi vollführten einen stampfenden Tanz mit Straußenfedern über dem Steiß, und Ernest trank.

»Wir waren kluge Kinder, daß wir nach Afrika gekommen sind«, sagte er, bevor er auf sein Feldbett fiel und Mary das Moskitonetz zuzog.

Aus einer Cessna wollte Mary das Tierparadies von oben fotografieren, ein verspätetes Weihnachtsgeschenk. Der Pilot, ein smarter junger Mann, hieß Roy. Sie kurvten über dem Ngoro-Ngoro-Krater, trieben in der Serengeti riesige Herden in die Flucht, Zebras, Antilopen, Büffel, überraschten am Albert-See Elefanten beim Bade, erschreckten Negerlein unter ihren Strohdächern, dann kam ein großer Fluß in Sicht; Mary sah entzückt, wie der Nil seine Wassermassen in Katarakten aufschäumen ließ, und Roy sah im Tiefflug eine Telegrafenleitung nicht. Der Draht schnitt das Leitwerk ab, die Cessna krachte in die Dornbüsche, nur ein paar Meter vom Nilufer entfernt, und nach langen, totenstillen Sekunden sprangen alle drei aus dem Wrack.

»Uganda, da war ich noch nie«, sagte Ernest, aber seine Schulter schmerzte sehr. Der smarte Roy kletterte in die Trümmer zurück und schrie immerzu: »Mayday, Mayday, Mayday« ins Sprechfunkgerät. Keiner hörte ihn. Weiter unten am Ufer streckten Elefanten ihre Rüssel ins Wasser, auf einer Sandbank lagen mehrere Krokodile, reglos wie Baumstämme.

»Weißt du, was Krokodile nachts vorhaben, Papa?« fragte Mary, als es dunkel wurde.

Am nächsten Morgen, als die Elefanten wieder vom Bad davonschlurften, was sich anhörte, als hätten die Biester

Galoschen übergezogen, kam auf dem Nil ein Ausflugs-dampfer vorbei. Der nahm sie mit nach Butiaba, und das war schon fast in der Zivilisation. Einen Flugplatz gab es da, und ein Flugzeug stand neben dem rotweiß gestreiften Windsack. Und weil – wie man weiß – der Blitz oft zweimal in denselben Baum einschlägt, geschah dann folgendes: Mary und Ernest klettern in die De Havilland, Platz genug hatten sie in der zwölfsitzigen, sonst unbesetzten Maschine, und der Pilot gab Gas. Nach Entebbe wollten sie fliegen. Das Flugzeug holperte und stolperte über das Feld, hüpfte noch mal richtig hoch, bevor es die Nase ins Buschgras bohrte. Diesmal gab's Flammen. Der Pilot schlüpfte flink durch das ausgeschlagene Fenster, Mary gelang das auch mit Hilfe ihres Mannes, der von hinten schob, nur er selbst kam nicht durch. Zu eng für einen Boxer der Schwerge-wichtsklasse. Was blieb ihm da anderes übrig, als mit dem Schädel, dem vielgeprüften, die verklemmte Kabinentür aufzustemmen.

Die Nachricht tickerte um die Welt: Hemingway mit ei-nem Sportflugzeug am Nil tödlich verunglückt. Vierund-zwanzig Stunden später: Nicht am Nil, in Butiaba bei ei-nem zweiten Absturz tödlich verunglückt. Wo zum Teufel liegt Butiaba? Die Feuilleton-Redakteure aller großen Zei-tungen wurden aus dem Mitternachtsschlaf oder vom Mit-tagessen, je nachdem, wie die Sonne gerade stand, in die Redaktionen geholt. Ein Nachruf auf Hemingway sollte ei-gentlich griffbereit in der Schublade liegen. Vierundzwan-zig Stunden später: Hemingway lebt – leicht verletzt. Die Nachrufe waren nicht mehr zu stoppen.

Die Ärzte in Nairobi ließen ihn nach wenigen Stunden laufen. Eine gründliche Untersuchung oder gar eine Be-handlung war nicht möglich, da der Patient von Reportern ständig umlagert war, flaschenweise Whisky und Gin in sich hineinschüttete, unterbrochen nur von hemmungslo-sen Wutausbrüchen.

Mary war froh, unten an der Küste Kenias ein neues La-ger vorbereiten zu können. Kaum saß Ernest in seinem

Lehnstuhl vor dem Zelt, sah er Flammen; keine Halluzination, keine Fata Morgana, der Busch brannte lichterloh, ganz in der Nähe. Wie ein Wahnsinniger rannte er mit den Löschmannschaften um die Wette, wollte auch löschen. Der erste Gluthauch warf ihn um. Verbrennungen am Bauch, an der Brust, im Gesicht, an Armen und Beinen.

Nun war's genug. Ein Schiff brachte sie nach – Venedig. Hier konnten die Ärzte in aller Ruhe feststellen: Leber-, Milz- und Nierenrisse, Gehirnerschütterung, Verlust des Hörvermögens im linken Ohr, Quetschungen der Wirbelsäule, Lähmung des Schließmuskels, Verbrennungen.

Sie wohnten im »Gritti«. Mary wußte, daß sie kommen würde, und als der Portier die Signorina Adriana Ivancich anmeldete, verließ sie das Zimmer.

Adriana hat zehn Jahre später ein kleines Büchlein veröffentlicht: »La torre bianca« (»Der weiße Turm« – auf der »Finca Vigia«). Sie schreibt, daß sie bei diesem Wiedersehen im Gritti zutiefst erschrocken gewesen wäre über Hemingways Aussehen. Er habe sie umarmt und geküßt und mit ihren Haaren gespielt und dabei immerzu geredet: über das verfluchte Buch, mit dem er ihre Liebe zerstört habe, und daß er für sie ein neues Buch schreiben werde, ein viel schöneres, ganz diskretes. Und dabei seien Tränen über sein vernarbtes Gesicht geronnen. »Schau mich an, Tochter, jetzt kannst du sagen, du hast Ernest Hemingway weinen gesehen.«

Das war ihre letzte Begegnung. Adriana Ivancich hat nach Hemingways Tod einen venezianischen Grafen geheiratet, zwei Kinder großgezogen, Gedichte geschrieben und sich mit vierundfünfzig Jahren das Leben genommen.

Als Hemingway im Jahre 1954 der Nobelpreis verliehen wurde, war er noch nicht in der Lage, nach Stockholm zu reisen, um den Literaturpreis in Empfang zu nehmen. Er schrieb einen schönen, ziemlich kurzen Dankesbrief, der vom amerikanischen Botschafter verlesen wurde.

Mary bedauerte das sehr, sie hätte gern mal einem richtigen König die Hand gedrückt.

»Zu der besten Zeit abtreten . . .«

Der »Finca Vigia« standen turbulente Zeiten bevor. Die Wut der Kubaner auf das verhaßte Militärregime Batistas nahm bedrohliche Formen an, in Havanna demonstrierten Studenten, streikten Amerikaner, und im Gegenzug wurde die Unterdrückung immer brutaler. Es wurde geschossen, verhaftet, gefoltert. Militärpatrouillen durchstreiften die Insel. Auf der Finca wurde Ernests Lieblingshund erschossen. Im mexikanischen Exil wartete Fidel Castro auf seine Stunde.

Für den Schriftsteller Hemingway begann in diesen Jahren eine erstaunlich fruchtbare Phase. Als ob alle Dämme gebrochen wären, brachte er eine kaum noch zu zählende Anzahl von Wörtern zu Papier. Ein Afrika-Buch schwoll auf sechshundert Seiten an, um dann beiseite gelegt zu werden; »Der Garten Eden« mußte umgeschrieben werden, erweitert werden – und ab damit ins Schubfach. Nicht anders erging es einer seit langem bearbeiteten Trilogie über das Meer, aus der seine Erben ein Jahrzehnt später das Buch »Inseln im Strom« herausschneiden konnten, Kurzgeschichten entstanden, die noch einmal den Krieg heraufbeschworen. Das alles aber meilenweit entfernt von »Der alte Mann und das Meer«.

Er wußte genau, wie es um ihn stand. »Ist man ein Meister, dann soll man lieber in seiner besten Zeit abtreten, statt zu warten, bis es einem entgleitet und alle Welt es merkt« (Gespräch mit Hotchner).

Hemingway konnte nicht abtreten, aufgeben, untertauchen. Das wäre sein Todesurteil gewesen: »Für jeden ist es der schlimmste Tod, wenn er das Zentrum seines Daseins verliert, das, was er eigentlich ist. ›Ruhestand‹ ist das häßlichste Wort der Sprache. Ob freiwillig, ob gezwungen: Sich von dem zurückzuziehen, was man tut . . . heißt, sich rückwärts ins Grab schieben« (Hotchner: »Papa Hemingway«).

Sein innerer Motor rotierte auf höchsten Touren, ruhelos trieb es ihn umher. Von Kuba nach Spanien, nach Paris, dann nach New York, in die Stadt, die er haßte, die ihn ängstigte und in der er trotzdem ein kleines Apartment kaufte. Von dort Flucht in die Berge, nach Ketchum, Idaho.

Nach freudlos verbrachten Weihnachts- und Neujahrstagen erfuhren die Hemingways in Ketchum aus dem Radio, daß Castro in Havanna einmarschiert war. Das war am 1. Januar 1959. Schnell wurde in Ketchum ein Haus gekauft, das Mary zwar kalt und einsam fand, aus dem sich aber nach allen Seiten ein märchenhafter Blick auf die Berge auftat.

Hemingway hatte nichts gegen Castro einzuwenden, und Castro nichts gegen Hemingway. Der beliebteste aller Amerikaner wurde jubelnd begrüßt, als er sich im März in Havanna wieder blicken ließ. Die Parolen an den Hauswänden waren jedoch auch nicht zu übersehen: »Cuba si! Yankee no!« So richtig behaglich wurde es auf der Finca nie wieder. Der Daiquiri floß nicht mehr in Strömen, weil die Leber jammerte, mit dem Boxen war's aus und vorbei, die Kampfhähne wurden verschenkt, die »Pilar« setzte Moos an.

Schon nach wenigen Wochen waren die Hemingways wieder unterwegs nach Spanien. Die Zeitschrift »Life«, die sich vom Abdruck einer Hemingway-Story einen zweiten Riesenerfolg erhoffte, hatte ihn um einen Bericht über Stierkämpfe gebeten. Nichts lieber als das. Das Spiel mit dem Tod konnte jetzt bis zur Neige ausgekostet werden. Die beiden berühmtesten Matadore Spaniens – Antonio und Dominguin – traten in den großen Arenen des Landes zu einem Wettkampf um die Weltmeisterschaft an. Sie mußten sich gegenseitig an Tollkühnheit überbieten, den Tod auf Zentimeter, Millimeter herankommen lassen, jeder ein Stückchen näher als der andere. »Mano-a-manos« nannte man das Spielchen, ein Nervenkitzel sondergleichen. Welcher von den beiden landete zuerst im Krankenhaus oder in der Grube? Die Rivalen liebten und bewunderten sich, waren sogar miteinander verschwägert. Antonio hatte Carmen, die wunderschöne Schwester des Halbzigeuners Dominguin, geheiratet. Und alle liebten »Papa«.

Mit dem Auto rasten die Hemingways durch das Land, von einer Arena in die andere. Nicht allein, zehn, manchmal auch zwanzig Wagen befanden sich in ihrem Gefolge: Freunde aus Spanien, England, aus Amerika machten mit, ferner Reporter, Stierkämpfer, Trainer, Ärzte – eine »verrückte Kavalkade«, wie Mary sagte. A. Hotchner, Ernests junger Freund, »Adjutant« und Biograph, notierte: »Saragossa am siebenundzwanzigsten, Alicante am achtundzwanzigsten, Ronda am neunundzwanzigsten, Barcelona am dreißigsten . . .« Mitleidlos brannte die Sommersonne Spaniens.

Schlagartig kam Ernest dahinter: Bill Davis wollte ihn umbringen! Bill Davis, ein schwerreicher Amerikaner, besaß an der Costa del Sol bei Malaga eine wunderschöne Villa, in der den Hemingways zwei der größten Zimmer monatelang zur Verfügung standen. Ernests sechzigster Geburtstag wurde in der Villa gefeiert, mit Feuerwerk und Gästen von nah und fern. Außerdem kutschierte Bill Davis Ernest mit seinem Auto kreuz und quer durch Spanien, nicht aus Freude am Stierkampf, sondern als Freundschaftsdienst am bewunderten Schriftsteller. Bei einer dieser Fahrten streifte Bill am Wegrand einen Meilenstein und der Kotflügel ging kaputt. Für Ernest ein eindeutiger Mordversuch, und er setzte sich nie wieder in Bills Wagen. Niemand wußte, warum. Nur Hotchner wurde ins Vertrauen gezogen, und der war entgeistert. »Papa, du hast einen Stich.«

Nicht doch, Papa arbeitete wie besessen an einem »Life«-Bericht, den er »Gefährlicher Sommer« nannte. Längst war der Ablieferungstermin abgelaufen, der verabredete Umfang um ein Vielfaches überzogen, und er schrieb und schrieb. Hotchner mußte mit den »Life«-Leuten reden, neue Termine, neue Vorschüsse erbitten, das

Manuskript bearbeiten, die endlosen Wiederholungen herausstreichen, und Papa feilschte um jedes Wort.

In Bilbao riß ein Stier Antonio die Brust auf, haarscharf am Herzen vorbei. Ende einer Matadoren-Karriere, Schluß mit dem Wahnsinns-»Mano-a-manos«. Ernest wich nicht von seinem Krankenbett, bis er sicher war, daß keine Lebensgefahr mehr bestand.

Madrid zeigte sich im Herbst 1960 von seiner schönsten Seite. Nur Ernest wollte davon nichts sehen oder hören. Er blieb tagelang in seinem verdunkelten Hotelzimmer, verschärfte seine Diät, mit der er sich schon seit Monaten herumplagte, trank keinen Tropfen Alkohol, klagte über Nierenschmerzen und behauptete auch mal, fast nichts mehr sehen zu können. Seine spanischen Freunde, die, treu ergeben, nicht von seiner Seite wichen, hatten nichts zu lachen. Alles, was sie sagten oder taten, war offensichtlich verkehrt und machte ihn von Tag zu Tag mißtrauischer. Dieses krankhafte Mißtrauen steigerte sich bei ihm bis zu der Gewißheit, daß er von Agenten des amerikanischen Geheimdienstes verfolgt werde.

»Warum, Papa?« fragte Hotchner, der einzige, zu dem Ernest noch Vertrauen hatte. »Warum, um Gottes willen, sollten sie dich verfolgen?«

Wegen Steuerhinterziehung, Unzucht mit Minderjährigen, antiamerikanischer Umtriebe auf Cuba, verriet der tieftraurig. Von der Absurdität dieser Ängste war er nicht zu überzeugen.

Nach mehreren Anläufen ließ Hemingway sich endlich dazu bewegen, den Heimflug von Madrid nach New York anzutreten. Allerdings wechselte er in letzter Minute das Flugzeug. Statt den modernen Jet zu nehmen, in dem ein Platz für ihn gebucht war, stieg er in eine alte Propeller-Maschine, die drei Stunden später abflog und fast doppelt so lange unterwegs war. Es sei ihm lieber, wenn er langsam in den Teich stürze, sagte Ernest mit grimmigem Lächeln.

Der letzte Schuß

In Ketchum fiel der erste Schnee. Mary erwartete ihn in dem neuen, inzwischen liebevoll hergerichteten Haus. Sie hatte es in Spanien nicht mehr ausgehalten und war vorausgeflogen. Ernest überreichte ihr feierlich eine goldene Anstecknadel mit einem Diamanten. Zwar hatte sie sich Ohrringe gewünscht, aber die waren ihm zu teuer gewesen. Wenn das FBI zuschlüge, was zu erwarten sei, dann stünden sie finanziell vor dem Ruin, eröffnete er ihr. Gleich am nächsten Tag mußte sie in New York bei ihrem Bankdirektor anrufen und fragen, ob ihre Konten überprüft worden seien. Der Direktor fragte lachend zurück, ob Ernest eine Flasche Whisky zuviel geleert habe. Mary ließ ihn in dem Glauben.

Dabei trank Ernest seit Monaten nicht mehr. Zwei Glas Wein am Tag, höchstens. Die Diät wurde eisern befolgt, und die roten, grünen, gelben, blauen Pillen schluckte er zur vorgeschriebenen Stunde. Er maß und registrierte den Blutdruck, stellte sich täglich auf die Waage. Er wog keine achtzig Kilo. »Er war abgemagert. Brust und Schultern hatten ihre Wucht eingebüßt, die Oberarme waren ausgemergelt und deformiert, als hätte ein ungeschickter Holzschnitzer den gewaltigen Bizeps beschnitten« (A. Hotchner).

Unter den Gepäckstücken, die Ernest aus Europa mitgebracht hatte, befand sich ein uralter, schäbiger Koffer. Ein Geschenk des Hotel »Ritz« in Paris, und der Direktor hätte Ernest das Geschenk am liebsten auf einem Silbertablett überreicht. Vor ewigen Zeiten, niemand wußte genau, wann es war, hatte Ernest den Koffer vergessen, der – angefüllt mit Aufzeichnungen, halbfertigen Stories, zahllosen Briefen und Bildern während des Krieges, während der Befreiung und anderthalb Jahrzehnte danach in der finstersten Ecke einer Abstellkammer lag.

In Ketchum öffnete Ernest den Koffer, wühlte, blätterte, las, was er geschrieben hatte, damals »als wir arm waren, aber glücklich«. Sofort machte er sich an die Arbeit: »Paris – ein Fest fürs Leben«. Ein schönes Buch, sein letztes Buch. Es wuchs und gedieh in wenigen Wochen zu stattlichem Umfang heran, denn er brauchte nur zu ordnen, die Ereignisse aneinanderzufügen und zu ergänzen, und wenn er schrieb, strömte die kraftvolle Sprache des jungen Hemingway in die Feder des von Depressionen gepeinigten grauen Mannes.

Mary war selig. Alles wird wieder gut, dachte sie, während sie Manuskripte abtippte, ein kranker Mann kann nicht so fröhlich schreiben. Und die heitere Melancholie, die wie ein hauchzarter Schleier darüber lag, konnte ihre Freude nicht dämpfen. Auch sein Gedächtnis funktionierte scheinbar wieder: Namen, Hausnummern, Gesichter, Gespräche – alles sprudelte auf Abruf hervor. Glückliche Wochen, in denen kein Agent gesichtet wurde, kein verdächtiges Knacken in der Telefonleitung zu hören war, kein Brief ankam, den die FBI-Menschen ganz bestimmt vorher geöffnet hatten. Der neue Präsident der Vereinigten Staaten hieß John F. Kennedy. Ein Telegramm aus dem Weißen Haus lud Mrs. Mary und Mr. Ernest Hemingway zu den Inaugurationsfeierlichkeiten ein. Auch ein Empfang der Schriftsteller und Künstler im Weißen Haus war vorgesehen. Ernest freute sich kindisch über die Einladung. Vor zwanzig Jahren, als er von Martha zu den Roosevelts geschleppt worden war, wollte er maulend noch vor der Tür auf dem Absatz kehrtmachen. Zu Kennedy wäre er gerne gegangen, aber konnte er so einfach hingehen? Warum eigentlich nicht? Was hielt ihn davon ab? Warum nur hatte er eine so blöde Angst davor? Was zum Teufel war überhaupt los mit ihm?

Auf den Händedruck eines Königs bei der Verleihung des Nobelpreises hatte Mary schon verzichten müssen, warum jetzt auch auf den Empfang im Weißen Haus? Es würde ihm sicher gefallen, sagte sie. Eine Menge alter

Freunde würden sich freuen, ihn wiederzusehen: Faulkner, Tennessee Williams, Gary Cooper, Spencer Tracy, vielleicht auch John Dos Passos. Heiter zählte sie die Namen auf, und es sollte aufmunternd klingen, als sie seinen Lieblingsspruch aus alten Zeiten zitierte: »Kein Pferd, das ›Trübsal‹ heißt, hat je ein Rennen gewonnen.«

Welches Rennen war noch zu gewinnen? Er ging in sein Zimmer, stellte sich ans Schreibpult und wartete. Wartete auf zwei, drei Hemingwaysätze, die genügen würden für einen Absagebrief, denn er war entschlossen, abzusagen. Nichts kam, stundenlang nichts. Er ging ans Fenster und zählte die weißen Bergspitzen von links nach rechts und zurück. Tränen kullerten in seinen struppigen Bart.

Mitten in der Nacht wachte Mary auf und hörte ihn telefonieren. Offenbar sprach er mit Hotchner in New York. »Es ist schlimm geworden, Hotch. Ich werde mit dem beschissenen Buch nicht fertig . . . Verstehst du, ich kann nicht. Den ganzen Tag steh' ich an dem verdammten Arbeitstisch, den ganzen Tag steh' ich da, alles, was ich erreichen will, ist diese eine Sache, vielleicht ein einziger Satz, vielleicht mehr, ich weiß es nicht, ich kann es nicht . . . Ich habe Scribner's geschrieben, sie sollen das Buch streichen, sie müssen es streichen . . .«

Er legte den Hörer auf. Mary erwartete, daß er jetzt zurückginge in sein Bett. Aber nein, er blieb eine ganze Weile still vor dem Telefon stehen, dann wählte er eine Nummer. Hadley, um zwei Uhr nachts rief er Hadley an. »Hallo, Hasch«, sagte er, und nach einer langen Pause redete er Bangloses, konnte nicht aufhören damit. »Sag doch was, Hasch«, flüsterte er, »bitte, sag doch noch was.«

Dr. George Savier gehörte seit Jahren zu ihren engsten Freunden in Ketchum. Er überredete Ernest, in die Mayo-Klinik nach Rochester zu fahren und sich gründlich untersuchen zu lassen. Neben Leber und Nieren konnten die Burschen auch mal den Kopf unter die Lupe nehmen, nach so vielen Gehirnerschütterungen könnte das wohl nicht schaden. Ernest war bereit.

Den letzten Sommer seines Lebens verbrachte
Hemingway in Spanien. Auch dort war er ein Idol der Jugend,
obgleich seine Bücher auf dem Index standen

Die organischen Tests ergaben: »leichte Diabetes mellitus« und einen »tastbaren linken Leberlappen mit einem runden Rand«. Und der Kopf? Die Depressionen? Die Wahnvorstellungen? Die Ängste?

Dr. Rome, Leiter der psychiatrischen Abteilung, empfahl eine Behandlung mit Elektroschocks, zweimal wöchentlich, insgesamt zwölf Schocks.

Ernest ließ die Tortur klaglos über sich ergehen. Der Aufenthalt in der Mayo-Klinik schien ihn nicht sonderlich zu belasten. Er freundete sich mit den Ärzten an, machte mit ihnen kleine Spaziergänge, wurde auch eingeladen und durfte in kleinen Mengen Sancerre, Muscadet und Haut-Brion trinken. Seine Episoden amüsierten die Doctores köstlich, noch nie war ihnen ein so geistreicher Patient in die Hände gefallen.

Nach sechs Wochen durfte Mary ihren gesunden Mann abholen. Zu Hause machte er einige Schreibversuche, gab es aber bald wieder auf. Es sei völlig sinnlos, das Buch fertig zu machen, erklärte er Mary in aller Ruhe, die FBI-Agenten würden das Manuskript sowieso beschlagnahmen und den Abdruck verbieten.

Mary rannte in Panik zu Dr. Savier, und als sie gemeinsam ins Haus zurückkamen, war Ernest mit dem Laden eines Jagdgewehrs beschäftigt. Savier nahm es ihm ab.

Nach einem zweiten Versuch, nur wenige Tage später, bei dem ihm das Gewehr erst nach einem Ringkampf entrissen werden konnte, telefonierten sie mit der Mayo-Klinik in Rochester. Dr. Rome, der Chef, war bereit, eine zweite Elektroschock-Behandlung durchzuführen. »Wir freuen uns auf ihn«, sagte er.

Ernest bekam eine Beruhigungsspritze und wurde mit dem Wagen auf den Flugplatz in der Nähe von Ketchum gebracht. Eine viersitzige »Piper-Comanche« stand zum Abflug bereit.

Am 25. April, bei idealem Flugwetter, stieg die Maschine in Richtung Osten in den blauen Himmel, die hohen, schneebedeckten Berge der Rocky Mountains waren zum

Greifen nah. Ernest beugte sich zum Piloten hinüber und deutete mit dem ausgestreckten Arm irgendwohin. »Sieht beinahe so aus wie der Kilimandscharo«, sagte er.

»Dann begannen sie zu steigen, und sie schienen nach Osten zu fliegen, und dann wurde es dunkel, und sie waren in einem Gewitter, und der Regen war so dicht, daß es schien, als ob man durch einen Wasserfall flog, und dann waren sie hindurch, und Compie wandte den Kopf und grinste und deutete vorwärts, und dort vor ihnen, so weit er sehen konnte, so weit wie die ganze Welt, groß, hoch und unvorstellbar weiß in der Sonne war der flache Gipfel des Kilimandscharo. Und dann wußte er, dorthin war es, wohin es ging« (»Schnee auf dem Kilimandscharo«).

Am 30. Juni 1961 wurde Hemingway aus der Klinik entlassen, diesmal als vollständig geheilt.

Zwei Tage später, es war ein Sonntagmorgen, preßte er die Stirn an den Lauf seiner Boss-Jagdflinte und drückte ab.

Frühjahr 1961. Das letzte Bild des
großen Schriftstellers, der sich innerlich bereits
von dieser Welt verabschiedet hat

Literaturverzeichnis

Biographien, Porträts, Essays:

Astre, Georges-Albert:
Ernest Hemingway mit Selbst-
zeugnissen und Bilddokumenten.
Reinbek 1961, 1977

Baker, Carlos:
*Ernst Hemingway. Der Schrift-
steller und sein Werk* (mit vollständi-
ger Bibliographie). Reinbek 1962

Baker, Carlos:
*Hemingway, die Geschichte eines
abenteuerlichen Lebens.*
München – Wien – Zürich 1971

Baker, Carlos:
*Ernest Hemingway – Ausgewählte
Briefe 1917–1961. Glücklich wie die
Könige.* Reinbek 1984

Burgess, Anthony:
*Ernest Hemingway, Leben und
Werk des großen amerikanischen
Erzählers.* München 1987

Dos Passos, John:
*Die schönen Zeiten. Jahre mit
Freunden und Fremden.*
Reinbek 1969

Hemingway, Leicester:
Mein Bruder Ernest.
Reinbek 1962

Hemingway, Mary Welsh:
Wie es war. Reinbek 1977

Hotchner, A. E.:
Papa Hemingway. Zürich 1967

Jaenecke, Heinrich:
*Es lebe der Tod. Die Tragödie des
Spanischen Bürgerkrieges.*
Hamburg 1980

Jens, Walter:
Ernest Hemingway. In: Zueignungen
– 11 literarische Porträts.
München 1962

Kert, Bernice:
Die Frauen Hemingways. Berlin 1987

Lenz, Siegfried:
Mein Vorbild Hemingway. In: Bezie-
hungen, Ansichten und Bekennt-
nisse zur Literatur. München 1972

Lynn, Kenneth S.:
Hemingway, New York 1987. (Die
deutsche Ausgabe dieser umfas-
senden Biographie erscheint im Frühjahr 1989 in Reinbek.)

Ross, Lilian:
Portrait of Hemingway.
»New Yorker« 1950

Stein, Gertrude:
*The Autobiography of Alice B. To-
klas.* 1933

Young, Philip:
*Ernest Hemingway.
A Reconsideration.* 1966

Werke:

Sämtliche Werke Ernest Hemingways sind in der deutschen Überset-
zung bei Rowohlt erschienen.

*Gesammelte Werke in zehn
Bänden.* Rowohlt Taschenbuch
Verlag 1986
Posthum: *Der Garten Eden.*
Reinbek 1987

Personenregister

Anderson, Sherwood 51, 56ff., 61, 77
Antonio (Matador) 221ff.
Atatürk, Kemal 70
Ausiello 179
Baker, Carlos 7
Barton, General 179
Batista y Zaldivar, Fulgenico 220
Beach, Sylvia *44,* 56f., 69, 181, *183*
Beauvoir, Simone de 180
Beaverbrook, Lord William Maxwell
   173
Belmonte, Juan 81
Bergman, Ingrid 157
Bianchi, Giuseppe 100
Bone, John 54, 69, 71f.
Bonnard, Pierre 60
Bradfield, Ruth 47
Brancusi, Constantin 53
Brumback, Theodor 26
Cannel, Kitty 76, 83
Capa, Robert 171f., 177
Carmen 222
Carraciolo, Domenico 36
Castro, Fidel *198, 210,* 220f.
Cézanne, Paul 60
Chagall, Marc 53
Chamberlain, Sir Joseph Austen 150
Chanel, Coco 53
Chirico, Giorgio de 60
Churchill, Winston 173
Clemenceau, Georges 52
Cocteau, Jean 53, 56
Cooper, Gary 156f., 226
Cooper, Sandra Shaw 156
Daladier, Édouard 150
Daumier, Honoré 60
Davis, Bill 222
Delmer, Sefton 145, 150, 171
Diaghilew, Serge 53
Dietrich, Marlene *166,* 180
Dominguin (Matador) 221f.
Dorman-Smith, Chink 64
Dos Passos, John 7, 58, 78f., *79,* 81,
   92f., 102, 109, 138, 141ff., 214, 226
Döblin, Alfred 78
Eastman, Max 121ff., 149, 211
Ehrenburg, Ilja *140,* 141
El Gallo (Matador) 81
El Greco 60
Ernst, Max 53
Faulkner, William 181, 226
Ferno, John 144

Fitzgerald, Scott 7, 58, 80, 93, 98, 104,
   115, 214
Fitzgerald, Zelda 80, 98
Flechtheim, Alfred 68
Fleischmann 76
Ford, Ford Madox 74f.
Franchetti, Familie 207, 209
Franchetti, Nanyuki 204
Franco, Francisco 119, 121, *128,* 135,
   138f., 141f., 148, 150f.
Gambler, Jim 34, 36, 47
Gangwisch, Anna 63
Gaona, Rudolf 81
Gaulle, Charles de 180
Gellhorn, Edna 134, 137
Gellhorn, George 134
Gellhorn, Martha s. Hemingway,
   Martha
Glenn, Edgar E. *188*
Gozer, Dr. 172
Göring, Hermann 120
Guggenheim, Familie 75, 92
Hall, Leicester 16, 18
Harrera, Dr. 189
Harriman, Averell 154, 156
Haskell, Henry 26
Heilbrun, Werner 146f.
Hemingway, Clarence E. *12,* 18f., 21f.,
   23, 25, *38,* 48, *86,* 105f.
Hemingway, Carol *38*
Hemingway, Grace *9, 10, 12,* 16, *17,*
   18f., 21f., *23, 38,* 46ff., 51, 53, 60, *86,*
   105f., 172, 213
Hemingway, Gregory *103,* 105, 158,
   186, 213
Hemingway, Hadley *37, 38,* 46ff., *50,*
   51, 53f., 56, 60, 62ff., 72ff., *79,* 93ff.,
   100, 104f., 119, 134, 137, 173, 181,
   189, 213, 215, 226
Hemingway, John Hadley Nicanor,
   genannt „Bumby" *40,* 73f., 77f., 84,
   94f., 98, *103,* 105, 137, 181, 186
Hemingway, Leicester *24, 38*
Hemingway, Madeleine *12*
Hemingway, Marcelline *10, 12,* 16, 21,
   23
Hemingway, Martha *125, 132,* 145ff.,
   152ff., *155,* 156, 158, 168ff., *179,*
   186, 189, 215
Hemingway, Mary *159,* 171ff., 177,
   179ff., *184,* 185f., 189f., 204, *205,*
   207ff., 209ff., 217ff., 221f., 224, *227*

Ein leiser Hemingway

Dokumentation zu dem ZDF-Film von Bernhard Sinkel

Hemingway (Stacy Keach)
an seiner alten Schreibmaschine.
Er war ein verbissener Arbeiter. Jeden Tag
zählte er akribisch die Wörter, die
er niedergeschrieben hatte

Die Geschichte der Verfilmung

Hemingway: »Ich kann nicht mehr, ich kann nicht mehr schreiben.« Tränen quellen aus den Augen hinter der Nickelbrille, rinnen über die blassen Wangen und verschwinden im silbrigen Bart. Ernest Hemingway ist am Ende.

Die ersten Minuten des Films von Bernhard Sinkel über das Leben von Ernest Miller Hemingway. Dann wird in Rückblende das bunte Leben des großen Schriftstellers erzählt: Er nimmt am Krieg teil, wird verwundet, kehrt nach Hause, nach Michigan, zurück, heiratet. Zurück nach Europa, nach Paris, Pamplona, in die Schweiz, nach Deutschland. Korrespondent für den »Toronto Star«, erste Kurzgeschichten, Scheidung und wieder Hochzeit. Stationen eines Weltenbummlers: Florida, Kenia, Madrid, Kuba, Venedig, Paris, Idaho, noch zwei Scheidungen, zwei Ehen. Sechseinhalb Stunden später, am Ende des vierten TV-Teils, kehrt die Anfangsszene wieder, und dann schiebt er sich die doppelläufige Jagdflinte in den Mund und drückt ab.

Ernest Hemingway, das ist die Geschichte eines unsteten Lebens, voller Angst, Zweifel, Depressionen, auf der Suche nach Anerkennung und Wahrheit. Das ist das Streben eines Schriftstellers nach Meisterschaft, nach »einfachen und wahren Sätzen« wie: »Ich habe eine Straßendirne mit einem Bein gesehen, die auf dem Boulevard Madeleine auf den Strich geht, wie sie in einer regnerischen Nacht entlang des Bürgersteigs durch die Menge hinkte, während ein fleischiger, rotgesichtiger Geistlicher der Episkopalkirche einen Regenschirm über sie hielt . . .«

Ein großartiger Satz, eine wunderbare Szene. Wie geschaffen für einen Film. Das ganze Hemingway-Leben ist ein Film in Cinemascope und Technicolor. Um so erstaunlicher, daß die Amerikaner zwar fast alle seine Werke verfilmt haben, bisher aber kein Film über das Leben ihres prominentesten Autors gedreht wurde. Der Anstoß zum Hemingway-Film kam aus Deutschland.

Eigentlich wollte Leo Kirch, Deutschlands größter Filmhändler, mit seinem Geschäftsführer Bodo Scriba das Leben Ernest Hemingways auf Zelluloid bannen. Alles stand schon fest: Die Drehbücher waren von dem Engländer Arthur Hopcraft geschrieben, Drehorte und -termine waren vorbereitet, der Amerikaner Treat Williams aus dem Sergio-Leone-Film »Es war einmal in Amerika« sollte Hemingway spielen. Vierzehn Tage vor der ersten Klappe wurde das ganze Projekt abgesagt.

Einige Zeit später stieg Bodo Scriba bei Kirch aus und gründete gemeinsam mit dem Regisseur Bernhard Sinkel die Filmgesellschaft ALCOR. Das Drehbuch zur Hemingway-Verfilmung hatte Scriba mitgenommen. Sinkel fand, die Hopcraft-Drehbücher hätten zu wenig szenisches Leben – er schrieb sie um. Das war im Mai 1986. Da die Alcor das Risiko für ein solches Projekt alleine nicht tragen konnte, trat Scriba in Kooperationsgespräche mit Amerikanern, Engländern, Franzosen und dem Zweiten Deutschen Fernsehen. Es kam zu einer amerikanisch-deutschen Koproduktion. Und zum ersten Mal stand eine Zusammenarbeit dieser Art unter deutscher Federführung.

Das Filmteam bestand nur aus Deutschen: Kamera: Wolfgang Treu, Ton: Rainer Wiehr, Ausstattung: Götz Weidner, Kostüme: Barbara Baum, Maske: Klaus Börnert und Gerlinde Kunz, Schnitt: Heidi Handorf.

Bei der Auswahl der Drehorte gab es Probleme. Kuba ließ das deutsche Team nicht ins Land – die Kubaner wollen gerade selber einen Hemingway-Film produzieren. Im Pariser Grandhotel Ritz durfte das Team nicht drehen. Die arabischen Besitzer des Ritz, die jährlich einen Hemingway-Preis vergeben und eine Bar nach dem Schriftsteller benannten, hatten Angst, daß mit den Filmleuten Terroristen ins Hotel kommen könnten. Dafür konnte auf Key West das ehemalige Haus Hemingways benutzt werden, das jetzt ein Hemingway-Museum ist, um dessen Authentizität man sich sehr bemüht – einschließlich der 40 Katzen, die alle Nachkommen Hemingwayscher Katzen sein sollen. Gedreht wurde schließlich im Engadin, in Torcello, Paris, Kenia, Pamplona, Madrid, Key West, Michigan, Ketchum (Idaho), Salt Lake City und – statt Kuba – St. Juan und Managuez auf Puerto Rico.

Auch die Auswahl der Schauspieler gestaltete sich schwierig: Die Hemingway-Frauen eins und zwei suchten die Deutschen aus. Bei der Besetzung der ersten Ehefrau Hadley bestanden die Amerikaner darauf, wenn es schon eine Französin sein sollte, müßte sie zumindest akzentfrei Englisch sprechen. Sinkel wählte Josephine Chaplin, die jüngste Tochter des großen Komikers. Als Pauline, Ehefrau Nummer zwei, wollte der Regisseur Charlotte Rampling verpflichten, doch die war bereits für andere Dreharbeiten engagiert. So fiel die Wahl auf die »Cabaret«-Gräfin Marisa Berenson. Die Ehefrauen drei und vier, Martha (Lisa Banes) und Mary (Pamela Reed), wurden von den Amerikanern bestimmt.

Doch letztlich sind diese Frauenfiguren nur die dramaturgischen Katalysatoren für die Lokomotive des Films: Stacy Keach. Er spielt nicht nur den Hemingway. Er ist Hemingway. Vor den Dreharbeiten hat Keach jedes Buch von und über den Schriftsteller verschlungen. Keach: »Schon als Kind habe ich Hemingway förmlich verschlungen. Er hat mich zum Lesen gebracht, und er wird auch heute noch von Millionen von Menschen auf der ganzen Welt gelesen. Ich glaube, daß es nie wieder einen solchen Schriftsteller geben wird. Norman Mailer glaubt zwar, er sei genausogut, aber mit Hemingway kann sich keiner messen.«

Als junger, fünfundzwanzigjähriger Hemingway in Paris ist Keach wenig überzeugend. Einen Endvierziger in die Rolle eines jungen Mannes zu stecken, ist schwieriger, als ihn älter zu machen. Der jugendliche, noch unbekannte Hemingway, der als Korrespondent des »Toronto Star« nach Paris kommt, ist hungrig; hungrig nach Stoff, gierig nach Ruhm. Keach wirkt in dieser Rolle allzu saturiert. Je älter allerdings Hemingway wird, um so besser füllt Keach die Rolle aus. Sogar der älteste Sohn Hemingways, Jack, ist von Keach begeistert: »Er [Keach] ist der beste Hemingway, den ich mir vorstellen kann. Keach kommt meiner Erinnerung an Papa sehr nahe.«

Im April 1987 begannen die Dreharbeiten. Man stand dabei unter dem Druck, daß der Film in Amerika schon im Frühjahr 1988 gesendet werden mußte. Bereits nach 89 Drehtagen waren die Aufnahmearbeiten beendet und die Produktion hatte 29 Millionen Mark verschlungen. Und im Gefolge verkrachten sich Regisseur und Koproduzent, so daß nur die Fassungen, die Sinkel selber geschnitten hat, von ihm autorisiert sind, Die US-Fassung ist nicht autorisiert.

Der Regisseur liebt den Menschen Hemingway, noch mehr aber ist er an der Entwicklung des Künstlers interessiert. Er zeigt Schlüsselszenen, mit denen sich Hemingway zum Schriftsteller entwickelt hat: Die Begegnung mit der einbeinigen Hure wird zum wahren Satz, die Katze im strömenden Regen zur Kurzgeschichte, der Stierkampf in Pamplona ist Stoff für den ersten Roman des jungen Autors.

Sinkel demonstriert Hemingways Liebe zur Literatur: »Ich kann nicht den Satz zeigen, den Hemingway schreibt, ich kann nur zeigen, wie er ihn schreibt und wie er entsteht.«

Immer wieder der Bleistift. Ob an seinem Schreibtisch in der kleinen Pariser Dachgeschoßwohnung, vor dem Zelt in Kenia oder in der »Closerie des Lilas« in Paris oder am Fenster seiner Finca in Kuba – überall schabt, schnitzt, schneidet Hemingway den Bleistift. Mal bedächtig mit einem Metallspitzer, mal vorsichtig mit einem Messer und später automatisch mit einer Mühle. Mit dem Spitzen des Bleistiftes will Sinkel die kreative Tätigkeit des Schreibens bei Hemingway verdeutlichen.

Hemingway hat in einem Brief an einen jungen Schriftsteller einmal davon gesprochen, daß man beim Schreiben – wie bei einem Eisberg – nur ein Achtel sehen dürfe, sieben Achtel müßten zwischen den Zeilen stehen. Dies hat

Sinkel in filmische Ästhetik umzusetzen versucht. Der Zuschauer soll immer wissen, wo Hemingway sich gerade befindet. Er steht am Fenster in Gertrude Steins Atelier, draußen ist das lärmende und bunte Paris zu sehen. Hemingway hockt vor dem Zelt in Kenia, im Hintergrund zeichnen sich die Umrisse des Kilimandscharo ab. Am Ende sitzt Hemingway vor seinem Schreibtisch, durch das Fenster sind die Berge von Idaho erkennbar. Die Außenwelt, die Hemingway zu Geschichten verarbeitet, ist immer im Bild präsent – das Kameramotiv als Spiegelbild der Hemingwayschen Seele.

Man merkt dem Film den Zeitdruck an, unter dem er entstanden ist. »Über sechseinhalb Stunden Film in fünf Monaten zu drehen, ist eigentlich unmöglich«, gibt Sinkel zu. Einige Szenen wirken unausgegoren. Der Film zeigt blitzlichtartig einzelne Stationen im Leben Hemingways, die innere Entwicklung der Charaktere aber wird nicht deutlich. Doch trotz der etwas plakativen, manchmal sehr stilisierten Szenen ist es ein sehenswerter, ein schöner Film. Stacy Keach, besonders als reifer und älterer Hemingway verblüffend ähnlich, gibt eine überzeugende und ausdrucksstarke Darstellung.

Sinkel will gerade die leisen Züge des Schriftstellers offenlegen: »Hemingway hat seine eigene Legende gestrickt, die des Supermannes, der er in Wirklichkeit gar nicht war. Warum hat er es nötig gehabt, ständig so auf den Putz zu hauen? In meinem Film versuche ich, darauf eine Antwort zu geben.«

So versucht Sinkel, den anderen Hemingway zu zeigen, der sich hinter dem lärmenden, egozentrischen, den Kampf und die Herausforderung suchenden Macho verbirgt: den Schüchternen, Sentimentalen, Abergläubischen, Wehleidigen und Verzweifelten. Für diese Züge Hemingways steht auch die Filmmusik, die durchgehend ruhig, melancholisch bis traurig ist und einen Kontrapunkt zu dem lauten Leben, dem heftigen Lieben, Trinken und Feiern, den farbigen Bildern des Filmes bildet.   *Manfred R. Dederichs*

Horton Bay 1921. Der junge Hemingway (Stacy Keach) begrüßt zärtlich
seine Braut Hadley (Josephine Chaplin), auf die er schon unruhig gewartet hat.
Ihr Haar ist feucht: Sie war noch kurz vor der Trauung schwimmen

Paris 1922. In dem Buchladen von Sylvia Beach (Zoey Wilson)
verbrachte Hemingway viele Stunden und schmökerte in
Neuerscheinungen. Ein Auftrag für eine Reportage in Italien erinnert
ihn an seine Kriegserlebnisse in Fossalta

243

Rückblende. Italien 1918. Hemingway an der italienischen Front. Bei einem Artillerieangriff wird er verwundet. Trotz seiner eigenen Verletzung schleppt er noch einen getroffenen Italiener in Sicherheit

Paris 1922. Hemingway und Gertrude Stein (R. Potok)

Hadley und Hemingway sind in Paris sehr glücklich

Paris 1925. Hemingway mit seinem Sohn Bumby (L. Redby)

Paris 1924. Hemingway verdingt sich als Sparringspartner, um Geld
für seine Familie zu verdienen. Doch selbst beim Trainingskampf erträgt
er es nicht zu verlieren und schlägt den Champion nieder

Paris, Sommer 1925. Nach einer
Kneipentour versucht der betrunkene Hemingway, ein Pferd
zum Stierkampf zu fordern

Kenia 1933/1934. Hemingway liebt die Jagd. Auf einer
monatelangen Safari mit seiner zweiten Frau Pauline (Marisa Berenson)
schießt er alles, was ihm vor die Flinte kommt

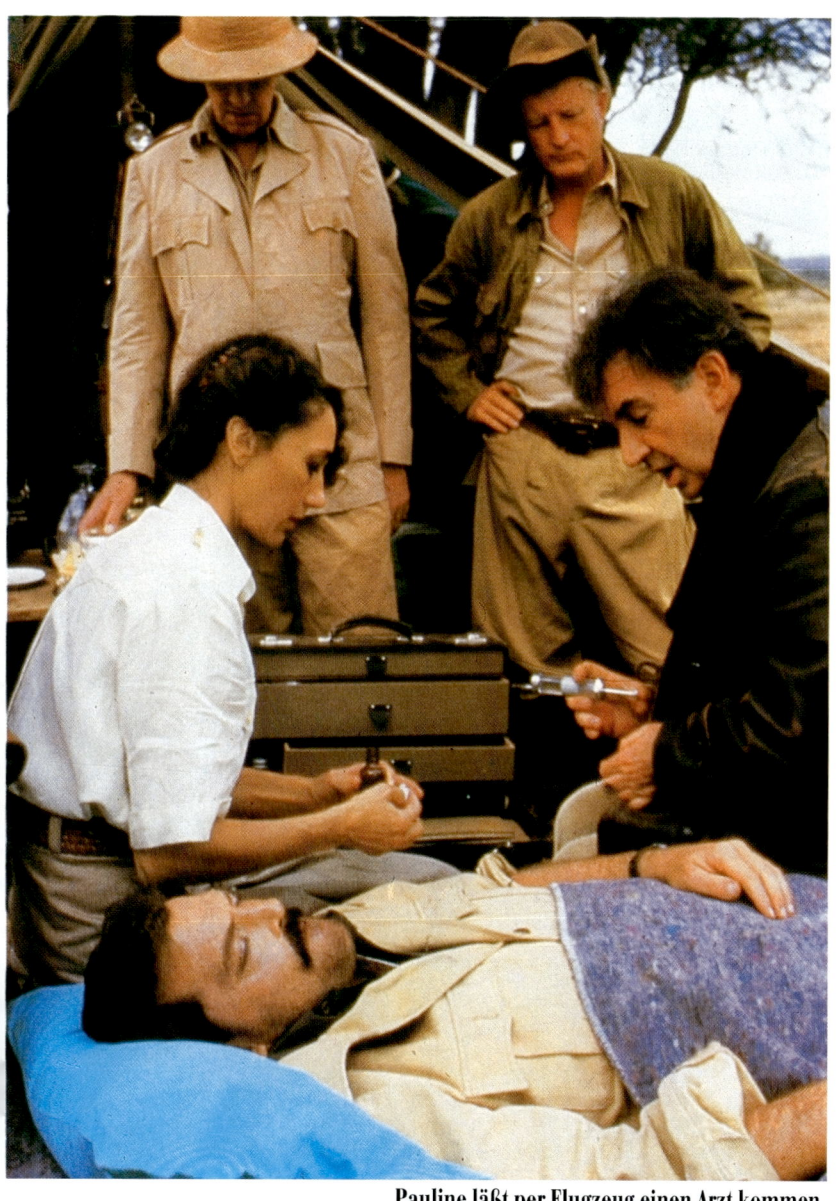

Pauline läßt per Flugzeug einen Arzt kommen.
Hemingway ist schwer krank. In seinen Fieberphantasien
sieht er sich in seine Kindheit zurückversetzt

Rückblende. Oak Park, etwa 1905. Der junge Ernest (Eric Elterman) kommt mit seinem Vater (Stuart Whitman) vom Fischen zurück. Versteinert sehen beide, wie die kostbare Tiersammlung des Vaters verbrannt wird

Clarence Hemingway zeigt seinem Sohn eine präparierte Schlange

Oak Park 1928. Grace Hemingway (R. Pointer) als Witwe

Key West 1936. Hemingway hat seine neue Bekannte,
die Journalistin Martha Gellhorn (Lisa Banes), mit ihrer Mutter in sein Haus
auf Key West eingeladen. Seine Frau Pauline gibt sich zwar
gastfreundlich, hat aber schon Angst um ihre Ehe

Frühling 1937 in Madrid. Während des Spanischen Bürgerkrieges arbeiten Martha und Hemingway als Kriegsberichterstatter. Als Granaten in das Hotel einschlagen, flüchtet Martha in Ernests Arme

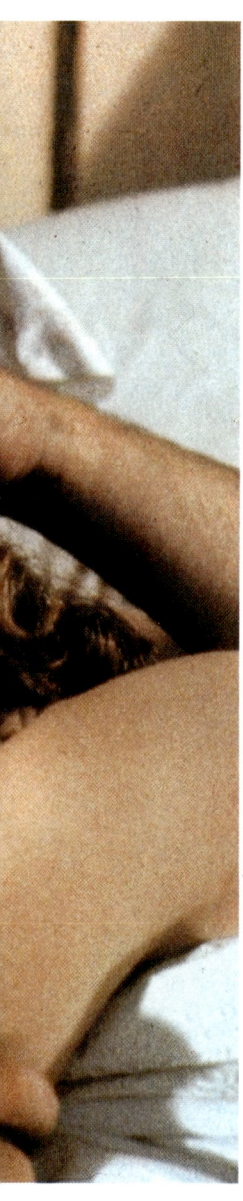

Key West 1939. Hemingway verläßt Pauline

Hemingway, Martha und sein Sohn Patrick (S. Weinger)

1943. Ernest schlägt verzweifelt zu, als Martha gehen will

Rambouillet 1944. In einem Hotel feiert Hemingway mit
seinen Kameraden die Befreiung des Ortes von den Deutschen. Er führte
selbst einen Trupp französischer Partisanen und versuchte, die
verminten Straßen für die Alliierten freizuräumen

Kuba 1948. Hemingway entschuldigt sich bei seiner vierten Frau Mary (Pamela Reed) für sein starkes Trinken und bittet sie, mit ihm nach Europa zu gehen. Dort werde er wieder schreiben können

261

**Venedig 1948. Hemingway und Mary kommen in
Venedig an. Hier begegnet er seiner letzten Liebe, die sich
nur in seiner Phantasie erfüllen wird**

Auf der Entenjagd sieht Hemingway die junge Adriana (Ana Torrent) und verliebt sich

Nach der Jagd spricht Hemingway Adriana an und hilft, ihr Haar zu trocknen

Afrika, Winter 1953. Am Fuß des Kilimandscharo ist Hemingway
wieder auf Löwenjagd, aber sein Jagdglück läßt ihn im Stich. Er hat kein Auge
mehr für die Entfernungen und schießt oft daneben

1961. Zwischenstation auf dem Flug in die Mayo-Klinik.
Resigniert kehrt Hemingway zur Abflughalle zurück. Er hat versucht,
in den laufenden Propeller der kleinen Maschine hineinzulaufen,
aber in letzter Minute stellte der Pilot den Motor ab

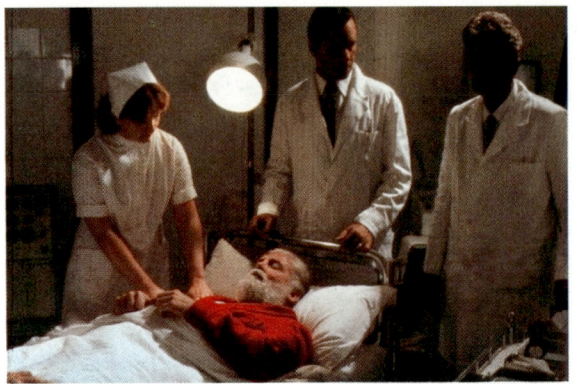

Mayo-Klinik 1961. Hemingway bekommt Elektroschocks

Im Krankenhaus füttert Mary ihren depressiven Mann

Hemingway ist verzweifelt. Er kann nicht mehr schreiben

Ketchum, Idaho, 2. Juli 1961. Tod eines Dichters.
Am frühen Morgen holt sich Hemingway ein Jagdgewehr.
Er steckt den Lauf in den Mund und erschießt sich

Ketchum, Idaho, 1961. Der Sarg
des Dichters auf dem Friedhof. Die Totenfeier ist beendet,
und die Trauergäste fahren ab

Der Autor

Victor Schuller, Jahrgang 1917, stammt aus Siebenbürgen. In einem Lazarett in Neapel fielen dem 25jährigen zwei schmale, zerlesene, schmuddelige Bändchen in die Hände: »Fiesta« und »In einem anderen Land«. Ernest Hemingway hieß der Autor. Aus dieser ersten Bekanntschaft wurde für die nächsten anderthalb Jahrzehnte ein bewundertes Vorbild – wie für so viele andere Journalisten und Schriftsteller der Nachkriegszeit. Schuller hat sein Handwerk bei Tageszeitungen erlernt und war danach 27 Jahre als Autor und Redakteur beim STERN, davon 15 in der Chefredaktion. Aus seinen Serien wurden Bücher, manchmal auch Filme (»Mamitschka«, »Nacht fiel auf Gotenhafen«)

Bildnachweis